Customer Value Innovation

How TINECO Created
A Blue Ocean in A Red Ocean

用户
价值创新

添可 如何在红海中开创蓝海

蒋青云 等著

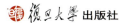

添可战略转型发布会并首次提出"会思考的"概念

钱东奇与研发人员一起探讨产品细节

联合国际顶尖食品感官科学实验室,添可正式成立食万数字美味研究院

数字美味研发工程师研发数字菜谱

芙万空间站引领洗地机进入新纪元

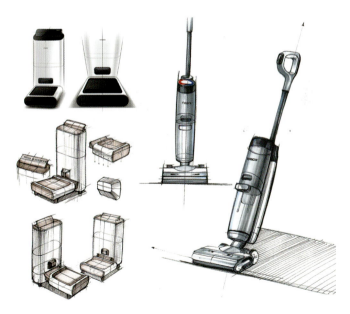

芙万空间站手稿

添可智能家族系列

推荐序一
PREFACE

"无科创、无未来"是我两年多前在复旦大学管理学院启动科创战略的基石信念,也是我通过对过去多年国际形势演变的观察与思考、对中国经济发展的脉络分析和现状把握而作出的基本判断。过去两年多,我和同事们考察、调研了100多家企业,其中的绝大多数都是以研发为驱动、以创新为特征、代表新兴产业崛起和传统产业迭代升级的优秀企业。

经校友引荐,我认识了科沃斯的创始人钱东奇先生,并带着同事专程赴苏州考察、学习。钱董热情地接待了我们,并同我们分享了企业从创业到转型、从升级到腾飞过程中每一步的曲折、探索和突破。我为钱董敏锐的市场洞察力和创新开拓的企业家精神所折服,主动提出可以把科沃斯的案例纳入复旦大学管理学院的教学中。虽然科沃斯和添可还不是典型的科创驱动的企业,但它确实是一个市场驱动、创新驱动的成功案例。在历史上,中国曾有"贸工技"或"技工贸"作为创业企业增长道路的争论,回过来看,联想没有

用户价值创新：
添可如何在红海中开创蓝海

走成功"贸工技"的道路,华为却在无形中走通了"贸工技"发展之路,并不断地以研发投入形成自主创新体系,驱动相关多元事业的发展。我从科沃斯和添可的发展中,隐约地看到了华为的影子,也看到了中国企业以市场驱动为核心理念,聚焦用户需求,分析用户价值,持续研发和创新产品,以创造和传递用户价值,实现企业核心竞争力的不断提升,在红海中开辟蓝海,在蓝海中始终保持强劲的发展动力和竞争优势。这也应该是广大中国企业转型升级发展的道路。

添可是科沃斯集团的新生儿,虽然只有 5 岁,却天资聪颖、好学灵动、讨人喜欢,还让人欲罢不能。添可 5 年创业创新的实践,是本土品牌营销的成功,也是中国企业科创的成功。

我讲"无科创、无未来",首先当然是要注重推动科技的原始创新。然而,对整个中国经济来讲,我们还要呼唤和推动更多的企业广泛而快速地应用科技成果,积极投入、参与科技研发攻关,加快数字化转型和创新升级进程。这本书是应钱董的邀请,我推荐我院市场营销学系教授和案例研究中心的专业人员组成研究团队,在添可团队的大力参与和支持下,通过半年多实地调研撰写而成的。研究团队克服疫情带来的种种出行困难,多次赴苏州进行考察、访谈,撰写了多篇案例,收集了大量素材。今天展现给大家的是蒋青云教授团队完成的、新鲜出炉的、反映中国营销创新最新实践的佳作。

作为一名专长于营销战略研究的学者，蒋教授将用户价值创新作为研究添可品牌科创管理的视角，于中正之中见新意。为用户创造价值，不仅是营销战略理论的核心，也是企业存在的理由。钱董及添可团队的很多高管都在访谈中表达了几乎一致的看法，那就是添可不是为研发而研发，所有的技术创新都是为了创造用户价值。本书的新意在于：没有停留在为用户创造价值的终极命题之上，而是具体分析了添可如何通过市场洞察、产品及其解决方案的设计，以及品牌营销为用户创造不同的价值组合。

本书还有一个令人启迪并有兴趣跟踪的主题——探讨添可面向未来的发展。蒋教授团队在本书中没有完全站在经验总结和诠释者的角度，而是试图和添可团队一道，共同探讨添可科创管理的未来之路。从小步快跑、快速迭代的敏捷营销，到创造社会价值的可持续营销，再到如何通过组织学习将科沃斯、添可品牌经营中积累的经验、诀窍和知识转化为公司的核心能力等。这种学者和企业高管间融入式的探讨，本质上是商学院和企业界有效互动、产学研一体化发展的积极尝试，值得鼓励。

当然，由于受到研究时间、数据资料和团队精力的限制，本书的内容还有待进一步精练、细化和提升。我想这样的企业案例研究可能也要像添可的产品营销一样，持续更新、快速迭代和动态优化。在此，我也期待与钱董和添可继续合作，共

用户价值创新:
添可如何在红海中开创蓝海

同探讨中国企业品牌成长和创新制胜之道,并在未来有机会向广大读者持续报告。

是以为序。

陆雄文
复旦大学管理学院院长
2023 年 1 月 31 日

推荐序二
PREFACE

在奥密克戎"海啸"席卷全球之际,我们迎来了 2023 年。2023 年既是科沃斯集团成立 25 周年,也是添可品牌创立 5 周年。这 5 年时间,添可从一个以贴牌加工为主、年销售额 10 亿元规模的传统企业,转型为拥有中高端智能家电国际化品牌的公司。2023 年,添可的业务将向百亿元规模冲刺,海外业务占比超过 35%,且传统模式的贴牌加工业务趋于零。所有这一切都是在这 5 年间发生的,而且其中有 3 年还受到了疫情的影响。企业的商业模式在 5 年间完成了质的飞跃,业务规模翻了 10 倍,利润翻了 20 倍,人们不禁要问其中到底发生了什么?

两年前,在一次论坛中有幸认识了复旦大学管理学院院长陆雄文教授。或许出于对商业管理探索的本能,陆院长表现出对科沃斯公司的兴趣,亲自带团队来我们公司交流,并提出是否可以把科沃斯公司作为一个商业案例来研究,当时,科沃斯旗下的添可品牌的发展还不到今天这个规模,自我感觉还需要更多的时间在商战中打磨和验证,便婉拒了陆院长的

用户价值创新：
添可如何在红海中开创蓝海

提议，但这件事我一直放在心上。

在添可品牌创立5周年之际，站在商业案例的角度去做一个研究，并分享给目前许多希望在新的市场环境下让自己商业模式转型升级的偏传统企业的企业家们，或者是刚刚走上创业道路，希望找到一条更快发展路径的创业者们，再或者对于如何在红海中创造蓝海的商业案例的研究者们，以及对此感兴趣的学生们，都是一件很有意义的事情。这个时候复旦大学管理学院的出现就是自然而然的一件事了。蒋青云教授和他的团队多次来我们企业调研，和添可各个部门的关键人员都做了深入的交流，最后从他们的视角把这本书呈现出来。

农历兔年春节前一天，我的团队把他们写的书放在我的面前并希望我写几句话，这两天我看完了这本书，有三点体会分享给大家。

（1）在商战上失败的原因有多种，成功的道路是唯一的。我本人带兵打仗，是实战派，基本没有做过理论总结，这本书对于添可战略的理论分析让我觉得蛮有新意的，这种理论上的提炼升华，使得添可的实战案例更具可以借鉴的普适性。

（2）书中的个人印迹比较重，希望大家在阅读的时候更加关注团队因素，商战的成功与否，团队至关重要。

（3）本书花了不少篇幅分析添可正在开辟的一个赛道——食万。之所以值得一看是因为大多数理论分析是在战后进行的，而这个案例在战争还在进行中就展开理论分析和跟踪了。

  一切过往，皆为序章。在兔年到来之际，添可这个品牌再一次站在新的起跑线上，读者们可以通过这本书了解曾经的添可，更可以在实际的市场中观察添可，希望添可不负众望！

钱东奇

于 2023 年春节

引言
FOREWORD

对话钱东奇：新蓝海里航船，行稳致远①

钱东奇硕士毕业于南京大学，于1998年创立科沃斯机器人股份有限公司（前身为泰怡凯），开始自主研发、生产吸尘器类产品。2006年，钱东奇推出自主研发的品牌科沃斯，开发研制出家用服务机器人。2018年，钱东奇二次创业，再次推出高端智能生活电器品牌添可，全球首创的智能洗地机芙万开创全新品类，引领了传统家电行业智能化、数字化升级发展的潮流与趋势。从南下到下海，从外贸到实体，从代加工到自主研发，钱东奇的每一次转身都准确地踩在时代变迁的风口上。如今，在预制菜与净菜的新蓝海之上，钱东奇又瞄准自己第四次切换赛道的方向——料理机食万。尽管当前市场依然缺乏对料理机的认知与了解，但钱东奇坚信自己选定的路，在原有方法论的基础上叠加新的打法一定可以带来转化。

---

① 注：前言内容原为《管理视野》杂志和添可创始人钱东奇先生的对谈录，发表于《管理视野》2022年第4期（总第31期）第32—38页。收入本书时对小标题进行了编码，个别语词作了调整。特别鸣谢！

对话人:

钱东奇 科沃斯集团董事长,添可创始人

蒋青云 复旦大学管理学院教授

程亚婷 《管理视野》副主编

范　翔 《管理视野》编辑

  2018年,科沃斯创始人、董事长钱东奇将这家上市公司交予自己的儿子钱程。出人意料的是,时年60岁的他并非出于想退休的缘由,而是转身将集团另一品牌TEK升级为新品牌添可,开始了二次创业。这一举动迎来了科沃斯背后投资者的不满:第一品牌做得好好的,为什么要折腾去做第二品牌?能不能做成?会不会影响上市公司科沃斯的稳定性?面对诸多质疑,钱东奇始终坚持。时至今日,创立仅仅4年的添可快速成长,已然实现自负盈亏,不仅不需要被输血,反而是一个极强的造血机,其年营收已经基本上与科沃斯持平。

  当我们进入位于苏州市友翔路18号的添可总部,"生活白科技,居家小确幸"这句添可品牌的标语随处可见,正代表着品牌以科技为基底,希望为消费者提供梦想家居生活的初心。在这里,我们见到了一贯戴着黑框眼镜、身穿单色POLO衫的钱东奇,他身形消瘦,但又显得十分矫健。他讲话前习惯沉思片刻,谨慎而敏锐,但交谈时,他又切换到另一种状态,聊到兴奋之时会大声地笑出来。

引言
对话钱东奇：新蓝海里航船，行稳致远

钱东奇将创业比喻为航船，最重要的是方向和动力。他自己是船长，把控方向是他这位领导者的职责，航行的动力则离不开团队的共同协作。"任何一个关键环节，我都应该是最后一道防线。"他这样形容，"要保证这条船不沉下去，且行往正确的彼岸。"

一、二次创业，新技术驱动新蓝海

《管理视野》：从最初做吸尘器 OEM，到转型做科沃斯品牌，再到二次创业打造添可，对于做品牌您有哪些的思考和心得？

钱东奇：最开始，我们的主营业务是贴牌加工，之后开始做科沃斯扫地机器人。我们的思维就是在产品上贴一个标，觉得这就叫品牌。后来我才真正理解品牌的意义，抽象地讲，品牌是通过用户心智去确定定位、价值以及目标人群，不单单是卖货这么简单。正因如此，在我看来品牌其实是一个完整的链条，并形成一种潜在的势能场，只有形成了这个势能场，品牌才算真正成立。不像 OEM，价格便宜就能在市场中站住脚，做品牌这样打是站不住的。从这个角度来看，做品牌要持续不断地打造内容，内容还要够立体。在互联网世界，这种信息化都能够捕捉得到，它是一个持续不断的闭环过程，怎么样把它构建好才是核心。

基于这样的思维，一开始我们和戴森拼吸尘器，我们拼不过它,哪怕我们吸尘器的智能水平在美国的消费者杂志上连续三年评分都比戴森高,但用户的心智依然很难突破。后来我们换赛道,推出了洗地机,从一代、二代到三代、四代,我们一步一步地把所有的用户痛点全解决掉了,在这一过程中,添可也慢慢跑出了一个全新的行业赛道。对于戴森来说,吸尘器是它打"商仗"的时候建立的壁垒,那洗地机的部分就是它的短板。

站在做品牌的核心角度,如果仅仅说是一场"商仗"还不全面,一个企业不仅要把立意、定位做得那么高,而且还要能落下地去,两者的融合才是做企业的基本出发点。

《管理视野》:在二次创业的过程中,您是基本复制之前科沃斯的路径,还是在此前的创业思路上有了一些升级,作出更多的尝试?

钱东奇:(添可在科沃斯的基础上)是做了升级的。但我们认为这种赛道思维其实是在建立科沃斯品牌的时候就确立的,就像我们一直在说"用户不愿意扫地和不愿意洗衣服是一件事",但没有打动消费者,只能是我们没做好,而不是赛道不对。当我们找到新的方法、新的技术、新的解决方案后,把这些问题解决掉,最后一定能做出来。

不同的是,我们定义科沃斯是用新的技术去创造一片蓝海,而添可是用新的技术在红海里打出一片蓝海。从时间维度来说,科沃斯开始做研发是在 2000 年,我当时给科沃斯转

引言
对话钱东奇：新蓝海里航船，行稳致远

型定的核心指标是自营和贴牌的营业额要各占半壁江山，品牌必须自己造血，而真正产生结果已经是十年后的事情了。添可不一样，做到"半壁江山"只用了两三年的时间。从这个角度来说，想要复制一样的路径是不可能的，一定是在原有的基础上、原有的方法论之上，叠加一套新的打法，基于这个打法形成新的结果，不是在黑暗的隧道里摸索，而是你能够清楚地看到天的方向。

从我个人的经历来说，今天管理添可相对来说比在科沃斯时更游刃有余一些。毕竟经历过一次，最难的是在有些问题的拿捏和判断上如何去确定和把握，如果心里不那么有谱，最后的动作是不完全一样的，结果就会有偏差，会在几个方向之间摇摆与尝试。但如今，我很清楚这条路就在这儿。

《管理视野》：2021年，添可推出智能料理机食万。深耕洗地机市场并取得不错的成绩后，从扫地机到料理机产品品类转移的跨度很大，您是怎么考虑的？您对于这款产品的底气来自哪里？

钱东奇：跳跃是指一个（芙万洗地机）是地面清洁，一个（食万料理机）是烹饪料理，但不跳跃是指人们的深层需求是一样的。在今天这样快节奏的生活当中，人们的第一需求是便捷，第二是好吃，我们完全可以确定方向，是因为我们看到了更深层次的内在需求。另一个是能够用智能的方法确定性地解决当前这个行业没有解决的问题，我们的解决方法是假

用户价值创新：
添可如何在红海中开创蓝海

定用智能的方法、用新技术去跨越现在的东西，形成新的需求和新的赛道。如果我们能够做到就要"为"，反过来就是"不为"。小家电五花八门，太多了，我们认为食万和洗地机的赛道其实是一个类型的，就是技术创新带来的一个智能硬件，虽然它的技术相对来说不是那么高，但它的存在的必要性是毋庸置疑的。像美发梳等，作为一个商品品类，一定是值得存在的。但相比于食万，（潜在销售收入）是数量级的差异。只要能解决用户痛点，用户为此买单，就是重要的。如果没有解决用户的痛点，就没有价值。

在这背后，你能不能通过新技术——芯片技术、传感器技术、算法技术、物联网、云——去找到突破口，就像洗地机是我们看得到的其中一个突破口，最终同样是用新技术来解决的。食万其实是一个道理，最开始就是芯片的交互算法技术。在1.0时代，我们的思维模式只是停留在怎么复刻美味，忽略了用户体验，但在今天这个互联网时代，首先需要解决的，是用户在快生活节奏里怎么满足轻松、健康的饮食需求，我们把定位调整为"精致的快生活"。同时，怎么能把中餐八大菜系、不同地域的饮食习惯都涵盖进去，实现数字化、标准化？

这个题目让我们越做越兴奋，我们团队就卷到这个大赛道里，想在红海的世界里找一片蓝海出来。食万做了两年做到3.0pro时代，已经形成一个完整的闭环，从净菜到美食以及数字化的、标准化的内容，全部涵盖在里面。目前，食万的净菜数是一百多道，但处于研发阶段的已经有两百多道，核心的关卡是蔬菜的保鲜问题。当前的很多技术是用冻干和风干的方法,再复水、复鲜。但如何保证营养、口味,还是比较核心的难点。我们也推出了自己的数字美味研究院来主攻这些难题。

目前,食万确实还达不到我们希望的大市场结果。所谓大市场,就是大家都接受、都认为这是好东西,这个切换和转换是大时代、大技术、大创新带来的变化,对于这些变化,我们只能乐见其成、顺势而为。其实,当年的扫地机器人效果也不好,因为技术达不到一定的水准,我们自己扛了十年,把它扛过来了。

《管理视野》:对于食万来说,如何才算迎来了爆发、真正穿出了隧道期?

钱东奇: 产业链的基石是我们有 10 万的食万用户,但核心的问题是怎么穿越隧道期。我认定我们一定是可以穿过这个隧道期的,但具体时间我不知道。在穿越的这个过程里,我们会一直观察各种维度的数据,评估付出是不是得到了正向反馈。我们现在面对的都是"先锋用户",是那些认同技术创新、认同现代生活需求的用户,他们给出的反馈也都是正向的,在用户心智当中,之前可能没有这样的需求,但体验后的反馈是很明显的。从一开始的预判到最后形成的结构,我们就能明确地知道,方向没有问题。好在今天我们穿越隧道期的时候,背后还有支撑。添可目前的主要产品依然是洗地机,食万要做成,应该可以在添可的营收中占到一半。

在传统电商(像淘宝、京东)和新体验模式(像直播)方面,我们都有布局。线下新零售这一部分现在也做得很好,邀请用户线下进店体验场景感。其他炊具在门店是不能试用的,因为有油烟,但食万没有,所以门店经理和经销商也非常推崇线下体验推广这种方式。

《管理视野》:员工们都称您为"首席体验官",听说您会亲自去看消费者、用户的评价,您是否从当中观察到什么?这些观察对于添可下一步作判断的方向或是决策有哪些影响?

钱东奇:创新是无论如何都不可能从消费者调研当中获得的,这点毋庸置疑。当年有位记者问乔布斯有没有做市场调查,乔布斯反问记者:"爱迪生发明灯泡的时候做过市场调研吗?"我非常认同这句话。创新是挖掘消费者潜在的、尚未释放出的需求,再把这个需求显性化,最终形成创新结果。反过来,通过调研发现消费者的需求,往往这种创新不会太成功。常规产品可以做调研,但如果是创新性产品,势必要预测需求、感知需求。

我们认为挖掘出来的东西是消费者的潜在需求,潜在需求是没有办法用调查来解决的,很多消费者调查的问题已经把消费者带偏了。但是,我们非常愿意倾听消费者的声音,愿意去看用户评价,那是用户最真实的声音,很有价值。抓到的这些点也就是品牌的盲区,我们能不能把它做得更好?从这

引言
对话钱东奇：新蓝海里航船，行稳致远

个角度来说，我们注重消费者体验。但同时，消费者体验和挖出大赛道是两件事。挖出大赛道通常不是从消费者调查中出来的，大赛道往往是我们内部慢慢形成的，消费者调研是为了在大赛道的基础上把这个赛道做好，基本上是这样的一种思维逻辑。

《管理视野》：您定义科沃斯和添可是实业公司还是科技公司？

钱东奇：我们绝对是科技公司，以科技为引领的，没有智能科技我们什么都不是。我们的基石是智能科技，没有这个，我们再往后讲一切都没有意义了。公司的定义和在赛道内要做什么事是有关系的。我们不那么关注研发投入的数据，研发投入是可以做数字的，但是经营不能，经营最终是要面对市场的，这是两件事。这就是为什么我们从来不"本本主义"，市场就是市场，经营就是经营。技术一定要和市场、用户结合在一起。我们讲"生活白科技，居家小确幸"，就是我们认为技术是隐藏在体验背后的，只有两者非常好地融合在一起，再辅以品牌内的沟通，才能逐步形成一个很好的闭环。

《管理视野》：每一次赛道的拓宽和跨界都离不开您个人对技术的把握。技术背景出身对您持续地保持对前沿技术的判断敏感与其他商用化的节奏有什么赋能？

钱东奇：每项技术真正落地的背后都是我们的研发人

员,并不是我。但每落地到一个新拐点的时候,或者遇到问题和差异,我会在研发会上和他们碰撞。研发会议是关键,因为我们的立身之本就是技术创新,我们整个经营的大链条都是围绕怎么做好技术创新,怎么做好产品,怎么去和用户沟通,怎么让用户知道产品的价值在哪里,怎么去形成一个合理的闭环,倒推回来整个过程,本质上就是我们的经营链条,再去做这样的螺旋上升。

我个人是物理背景出身,物理可能对各种技术不会特别专,但维度很宽,万变不离其宗就是它的基本原理。数学和物理其实是自然科学的顶层逻辑。数学逻辑性特别强,抽象思维特别强,物理是介于抽象思维和实验之间的,不仅仅是要思考,最后还要验证。我们是做产品的,从这个角度切到的点会做得更具体一点。我有时候站的位置比他们高一点,去和他们沟通的时候,他们会觉得我是知音,可以在同一个频道上沟通,这些都和我的背景有关。

二、管理者是企业的最后一道防线

《管理视野》:在不断创业的过程中,您遇到过哪些挑战?是如何克服的?

钱东奇:市场经营的过程就是推着石头上山的过程,顺境少,逆境多。当你觉得自己已经登上山峰的时候,只能喘一口气,接着去攀登下一座山,否则,就会不停地被石头压下去。

引言
对话钱东奇：新蓝海里航船，行稳致远

这也是一种心智的锻炼。假如有一天没有压力，我的心里反而是空虚的。压力变成了另一种动力。挑战是常态，逆境也是常态，顺境只是一瞬间的事。如果说有哪一次挑战，我们跨过去企业就成功了，那这个问题肯定不是我们的核心问题。

《管理视野》：作为一名管理者，您的判断原则是什么？

钱东奇：在创建品牌的过程中，我就像一个船长，带着大家一起把船开到彼岸。开到彼岸的这个船要有两个关键点：第一方向要对；第二要有足够的动力。当然，船身的任何地方都不能出纰漏。在把控方向这件事上我是责无旁贷的，船有足够的动力这件事则是依靠团队，大家觉得在这条船上，划到彼岸是有未来的。还有一个关键点，一个团队不可能什么地方都强，有时候你要优先"跳下去"，带着团队一起补，因为你最能够看清楚哪一个地方有可能出纰漏。几年前，我跟他们讲，(做添可)我是二次创业，任何一个关键环节，我都应该是最后一道防线，必须要有这个心智。所以，每到关键时间点的时候，我就会出现，但又并不是所有时候我都会出现。

《管理视野》：您通过什么样的方式来学习和更迭自己对管理的思考？

钱东奇：我从来不看经营类的书籍，不是说我反感，而是我忙得没有精力看这些东西。我确实在创业的过程中也不断地梳理和提炼自己，时常回过头来想这些事，为什么要这么

做,原因是什么。我看别人讲的经营上的道理,觉得当中是有雷同性的,但又不完全吻合,这样不同思想的碰撞是很有意思的。

从本质上来说,管理就是要带领团队达到特定的方向,所谓的方向是把控品牌定位和价值,这是核心的东西,也是作为管理者、领导者最应该要做的事。其次是要正确识别团队里的人才,管理的落脚点还是要回归到人。我倡导的公司生存环境是对事不对人,团队内部没有阶级斗争,只有就事论事。最后,不是所有人都要变成领导者想要的样子,这不现实。每个人都有自己的优点和弱点,而我要带领大家充分地把优点发挥出来,把缺点、短板补齐,思考怎么把每个人的潜能释放出来。我的中心思想是与人为善,而不是与人为恶。大家有机会在任何地方犯错,但不要总在同一个地方犯错。这样的基本思想和基本逻辑落到很具体的管理手段上,就不是我的特长了,应该由各个级别的管理干部去负责。

《管理视野》:当团队里有反对的声音时,您会鼓励建言吗?

钱东奇:我在发表观点之前都会先问问他们(管理团队)的看法是什么,这是我的习惯,批评的声音永远要听,但同时又有几个原则。第一,站在不同的角度讲话是有偏差的,因为每个人思考问题的角度是不同的。第二,要看提议是不是你的盲区?如果确实是盲区,自然要修补,如果只是思考问题的

引言
对话钱东奇：新蓝海里航船，行稳致远

视角不同，那就要看你如何说服大家往一个方向走。

《管理视野》：可否请您分享一下对于公司内部价值观建设方面的一些看法？团队有什么特点能够支撑品牌的快速发展？

钱东奇：这其实是我个人看事情的基准点，当然，我们有自己的价值观、口号，但我个人看事情的基准点就两点：第一，任何是非曲直的判断都应该就事情本身去判断，不要变成人为站队思考问题，事情本身才是至关重要的；第二，公司之所以存在的核心原因是为用户创造价值，如果没有这个基本点，公司就没有存在的意义。从研发到市场到品牌，都应该以用户为中心，追求卓越，调子比较高，但最终落地的应该就这两点，包括我们建数字化的体系，基本上都是。我们不仅要做一盘生意，更要做一个事业。从这个角度，在我们研发新品的时候，仅仅参照别人去做一些可以卖的东西是不行的，要真正通过技术创新，真正切入到用户的痛点，做出用户愿意为此买单的东西。

《管理视野》：大家都很关注第一代创业家快要退休了，但您依然选择二次创业、不断地切换赛道，背后的驱动力是什么？反过来问，如果明天就可以退休，您愿意退吗？

钱东奇：企业家内心里还是希望能从一个高峰攀到另一个高峰的，否则，最舒服的事就是一把大锁，把门一关。但这

用户价值创新：
添可如何在红海中开创蓝海

条船在这儿，还有这么多的利益相关方都在上面，我必须得让这条船行稳致远，这是我的责任。如果这条船已经是行稳致远的，能退休我一定退休。新一代的人已经可以把这条大船开得比我更好，我为什么还要在这个地方？无论是添可团队，还是科沃斯团队，当我确切地知道他们从公司方向，到公司的价值观、大家的共识，再到基于方向而推出的产品，以及最终到市场、产业链、服务，如果在每一个节点上大家的手感大概七到八成，就可以了。因为再后面几成，实际上是他们需要在打磨当中慢慢成长起来的，我不可能把它变成我现在的十成，这不公平。我的水准打磨到今天才到了十成，他们还有一个持续打磨的过程。基本上大家能保证这条船不沉下去，当中过程的曲曲折折没有关系，他们做事的方法和能力我看得到，也就差不多了。

目 录
CONTENTS

第一章　添可如何跑出新赛道？/ 1

　　一、从科沃斯到添可：不一样的产品，一样的用户洞察 / 4

　　　　（一）科沃斯启航 / 4

　　　　（二）添可再出发 / 9

　　二、创新用户价值：添可品牌营销的底层逻辑 / 15

　　　　（一）添可产品的手段-目的链分析：以添可食万

　　　　　　为例 / 15

　　　　（二）添可品牌卓越营销的底层逻辑在于用户价值

　　　　　　创新 / 19

　　三、智造美好生活：添可面向未来的营销探索 / 29

　　　　（一）以敏捷营销穿越不确定性 / 30

　　　　（二）以可持续营销构筑品牌资产 / 32

　　　　（三）以组织学习锻造核心能力 / 36

第二章　消费新时代的用户洞察 / 43

　　一、新消费时代的来临 / 46

（一）新消费浪潮此起彼伏 / 46
　　（二）家电智能化消费方兴未艾 / 47
　　（三）智能家居先锋派和都市精致生活探索者成为
　　　　　添可品牌的主力消费人群 / 51

二、解放双手还是重在参与？ / 53
　　（一）添可不同于科沃斯的新定位、新主张 / 53
　　（二）"重在参与"背后的小心机 / 55
　　（三）"重在参与"创造的"小确幸" / 58

三、创新认知价值：添可品牌的智造基因 / 59
　　（一）创新认知价值对添可用户重要的原因 / 59
　　（二）添可如何创新认知价值 / 60

第三章　用户价值探索：模创战略 / 67

一、科沃斯的经验：从模仿到创新 / 69
　　（一）模仿式创新与主动式学习 / 70
　　（二）混合式创新与合作式学习 / 74
　　（三）自主式创新与战略式学习 / 77

二、添可的实验：基于用户核心需要的价值创新 / 79
　　（一）添可品牌的目标人群 / 79
　　（二）添可如何洞察用户的核心价值 / 80
　　（三）添可如何感测用户价值并管理用户需求 / 84

三、创新引领需求：智能化时代添可如何实现竞争
　　突围？ / 86
　　（一）智能化时代添可面临的外部挑战 / 86

（二）添可竞争突围的出路：创新引领需求 / 89
　　（三）添可如何实现创新突围 / 92

第四章　用户价值创造：体验设计 / 97

　一、靠产品说话：添可品牌的产品体验设计 / 99
　　（一）添可白科技带来用户生活"小确幸" / 99
　　（二）产品外观设计成就视觉体验：功能与颜值的
　　　　 一体化呈现 / 102
　　（三）产品交互设计打造人机协作的友好环境 / 104

　二、添可洗地机爆红的背后：以用户为中心的产品
　　　设计 / 106
　　（一）解决消费者需求的痛点 / 106
　　（二）用户需求驱动的产品研发策略 / 110

　三、食万智能料理机的设计逻辑：遵循人性的消费者
　　　融入价值创造 / 114
　　（一）产品创新：进击的食万 / 115
　　（二）商业模式探索：成立食万数字美味研究院 / 118
　　（三）市场导入：食万目前的成效 / 119
　　（四）研发流程优化：食万发展过程中的困境和添可的
　　　　 应对 / 120

第五章　用户价值传递：品牌共鸣 / 125

　一、高端智能生活电器引领者的品牌身份 / 127
　　（一）多年深耕家庭清洁行业的品牌传承 / 128

（二）带领中国智造走向国际的品牌愿景 / 129
　　（三）独特的品牌专长、品牌个性和品牌价值 / 130

二、用户认知价值与添可的品牌资产 / 134
　　（一）享誉全球的品牌认知度 / 134
　　（二）以独特认知价值为依托的感知质量 / 135
　　（三）自己动手创造梦想生活的品牌联想 / 136
　　（四）助推用户融入的品牌忠诚度 / 137
　　（五）以领先专利支撑的品牌专有资产 / 138

三、社交网络时代的品牌传播 / 138
　　（一）添可如何全渠道触达消费者 / 139
　　（二）添可如何创造卓越品牌内容 / 140
　　（三）添可如何导入场景营销 / 142
　　（四）添可如何建设品牌社区 / 143

四、智情合一：添可如何创造品牌共鸣 / 145
　　（一）智情合一：用品牌专长赢得用户信任 / 146
　　（二）智情相融：达成品牌共鸣效应 / 148

第六章　敏捷营销战略：添可如何应对不确定性时代的消费者需求变化 / 153

一、对需求的敏捷洞察 / 156
　　（一）芙万：快速推新占据优势地位 / 157
　　（二）食万：洞察需求打造精致快生活 / 161

二、对市场的快速响应 / 163
　　（一）产品持续升级迭代响应市场 / 163

（二）全渠道营销响应市场 / 166

　　（三）新零售模式响应市场 / 168

三、对生产的柔性供应 / 169

　　（一）跨部门合作实现对生产的柔性供应 / 170

　　（二）芙万3.0：添可柔性生产再升级 / 174

　　（三）食万中央厨房：柔性加工以满足产品要求 / 175

　　（四）添可的潜在威胁和发展趋势 / 176

第七章　可持续营销战略：添可如何成为未来中国制造的代言品牌 / 181

一、中国制造的全球形象：可持续营销战略的崛起 / 183

　　（一）中国制造由大到强的转型升级 / 184

　　（二）大势所趋的可持续营销战略 / 186

　　（三）添可品牌如何实现可持续转型 / 189

二、添可可持续营销如何为企业增长拓展新路 / 191

　　（一）添可品牌的可持续设计 / 191

　　（二）添可品牌的可持续制造 / 194

　　（三）添可品牌的可持续营销 / 195

三、"内圣外王"：可持续营销和添可品牌形象的建设 / 197

第八章　组织学习战略：添可核心能力的锻造 / 203

一、钱东奇的探索如何转化为添可的隐性知识？ / 205

　　（一）添可组织知识转化的SECI模型 / 206

　　（二）添可组织知识转化的启示与展望 / 211

二、添可的动态能力与钱东奇的创业初心 / 214
    （一）为什么动态能力很重要 / 215
    （二）添可的动态能力及其表现 / 216
三、添可的价值观与企业文化 / 219
    （一）添可核心价值观的表达 / 220
    （二）添可核心价值观的特征 / 222

第九章　智造未来：添可如何赢得世界 / 229

一、智造产品：添可如何赢得用户 / 231
    （一）"跳出盒子"拓展产品创新视野 / 231
    （二）体验至上驱动产品创新过程 / 233
    （三）面向未来建设创新平台 / 234
二、智慧引擎：添可如何赢得产业 / 237
    （一）添可未来的增长战略 / 237
    （二）添可产业竞争战略的演进 / 240
三、智情品牌：添可如何赢得世界 / 245
    （一）添可如何将产品效益转化为品牌感知质量 / 246
    （二）添可如何通过提升品牌情感建设强大的品牌
        资产 / 247
    （三）添可如何进行关系营销，建设品牌关系资产 / 250

参考文献 / 253

后记 / 259

第一章
添可如何跑出新赛道?

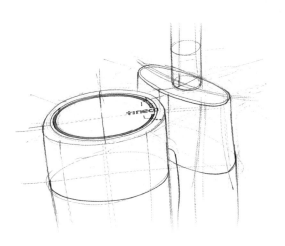

扫码观看视频课堂

对添可及其创立者钱东奇感兴趣,跟笔者的好友、德龙电器大中华区董事总经理宗延平(Gilbert)先生的盛赞有关。此前,笔者没太关注过科沃斯(ECOVACS)扫地机器人,但知道iRobot很火。有次请宗先生来复旦大学MBA课堂做关于产品策略的演讲,结束后宗先生告诉笔者其实他可以介绍更有分享价值的中国家电企业家来复旦课堂,比如科沃斯的钱东奇董事长。笔者对这家公司及其创始人钱东奇略知一二但并不熟悉,便询问科沃斯究竟有什么不同寻常之处。宗先生说,就凭它把iRobot在中国市场打到没有存在感。

2022年夏天,复旦大学管理学院提出要撰写科沃斯集团旗下两大品牌科沃斯、添可的案例,笔者听说后马上报名参加了访谈研究者的队伍。在多次和钱东奇及其团队交流的基础上,笔者对钱东奇目前亲自领导的添可(TINECO)品牌产生了强烈的好奇心。

用户价值创新：
添可如何在红海中开创蓝海

一、从科沃斯到添可：不一样的产品，一样的用户洞察

（一）科沃斯启航

说添可，还是要从钱东奇创立的第一个成功品牌科沃斯说起。1987年，钱东奇从南京大学硕士毕业后，被分配到汕头大学教书。汕头是中国沿海最早开放的4个经济特区之一，再加上潮汕人浓厚的经商传统，彼时的汕头绝对是商贸发展的热土。钱东奇也渐渐动了下海经商的念头。1988年，海南开发开放，钱东奇认为机会来了，他奔赴海南，进入海南对外经贸发展有限公司工作，从此走上了一条跟家电打交道的人生之路。1990年，钱东奇已经是中国电子进出口公司深圳分公司的业务经理，这年夏天他带着生意伙伴法国人阿兰（Alain Goepfert）到江苏苏州寻找吸尘器代工厂商，成功地与春兰电器等达成合作协议，成为中国吸尘器出口代理商的早期探路者之一。随着业务的不断扩大，钱东奇感到吸尘器代工业务大有可为，不禁想亲自下场试一试。1998年3月，钱东奇在苏州创立泰怡凯（TEK）电器（苏州）有限公司，主要从事吸尘器代工业务，这就是科沃斯的前身。

学物理出身的钱东奇，总想着要让自己的产品在技术上搞点名堂出来，因此在代工业务刚走上正轨不久，就琢磨着如何在吸尘器的技术探索方面做点什么。为此，他在2000年组

建了一个秘密研发小组(代号为 HSR,是 Home Service Robot 的缩写),开始了家用服务机器人的研究。要知道那个时候,新一代扫地机器人刚刚由美国 iRobot 完成再创新并进入市场。钱东奇从事吸尘器出口多年,自然明白扫地机器人意味着什么,这也是科沃斯之所以领先中国扫地机器人市场的一个重要原因。

但是,2006 年科沃斯品牌正式创立后的主打产品并不是扫地机器人,而是多级旋风吸尘器——一种在消化吸收英国著名品牌戴森(Dyson)先进技术的基础上,通过自主研发而形成的新产品。多级旋风吸尘器用技术实现灰尘和气流完全分离,从而不需要集尘袋或过滤器,让吸尘过程更高效。科沃斯从吸尘器起步,体现了钱东奇一切从市场出发的务实精神,他虽然对高科技有偏爱和追求,但他个人的成长是从市场营销起步的,他知道如果没有市场,所谓的产品和技术都是空的。如果没有为用户创造价值,企业也就没有什么存在价值。

依托多级旋风吸尘器顺利创业后,科沃斯依托代工(OEM)业务所产生的利润加大了扫地机器人的研发工作,在 2007 年推出了第一款扫地机器人,并一举赢得了市场的认同,站稳了脚跟。扫地机器人的业务很快就超过了传统吸尘器。2011 年,科沃斯正式决定将品牌聚焦于家用服务机器人的发展,而放弃了吸尘器业务。

作为中国扫地机器人市场的早期探索者,科沃斯能顺利地将一个全新品类导入市场,足以看出钱东奇作为营销者对市场的把控能力和学习能力。首先是如何做好消费者教育。钱东奇要求公司在大型商超（如沃尔玛、特力屋、苏宁等）开设"店中店"，让营业员反复演示新物种机器人的清扫过程及其效果，让消费者在线下产生感性认识，很快就打开了市场；其次在于不断探索新的市场机会。2012年，在中国电子商务蓬勃发展之际，科沃斯公司在天猫及时上线了科沃斯机器人官方旗舰店，结果发现线上消费者的评价影响巨大，像滚雪球一样不断地影响其他消费者，效果远超线下。2012年，科沃斯在线上推出的新款扫地机器人地宝成了"爆款"。2014年，科沃斯在天猫扫地机器人的品类中销量领先。

之后，科沃斯扫地机器人一直保持着高速增长。2018年5月，科沃斯公司在上海证券交易所挂牌上市，标志着公司进入一个新阶段。尽管深受疫情和国际贸易形势的不利影响，科沃斯公司的经营业绩却依旧亮眼。2021年，科沃斯实现营业收入130.86亿元，同比增长80.90%；归属于上市公司股东的净利润为20.10亿元，同比大增213.51%。尽管成本端受到原材料及海运费上涨的压力，2021年科沃斯的综合毛利率仍较上年同期增加了8.55个百分点，达到51.41%。科沃斯品牌服务机器人出货量达到340.4万台，同比增长10.81%，出货均价为1 963元，同比增长43.67%。科沃斯品牌服务机器人实现销售收入67.10亿元，同比增长58.42%，其中，中高端产品的收入占销售总收入的91.0%，同比增加10.3个百分点。从横向看，科沃斯服务机器人在国内同行业稳居龙头地位。根据中怡康的数据，按零售额统计的中国扫地机器人市场前四大品牌的线上市场份额合计达84.9%，较上年提高了5.3%，其中，科沃斯品牌扫地机器人在中国市场线上零售额份额为43.5%，线下零售额份额为86.6%。科沃斯2021年9月推出的地宝X1家族，一上市便成为行业爆品，首发销售超过20万台，"双11"期间实现全网单品成交额和成交量第一①。

从以上对科沃斯家用服务机器人发展的简要回顾，我们大致上可以得出以下三点结论。

第一，科沃斯是钱东奇在外贸业务经营过程中捕捉到的全新市场机会。

这是他过人的市场洞察能力所致。作为一个受过良好教育，并具有强烈商业意识的年轻人，具备发现市场机会的能力不稀奇，但如何把市场机会变成自己的创业项目，则是钱东奇不同于他人之处。除了当时积累了一定的创业资本之外，最主要的是他有着强烈的使命感。记得笔者访问他时提出的第一个问题就是："您觉得自己更像是索尼公司的创业者盛田昭夫？还是松下公司的创始人松下幸之助？"前者是为了向世界证明日本公司也能做出技术一流的产品，后者则奉行尽到产业人的责任，丰富人们的电器化生活。钱东奇略一思考，说自

---

① 中国证券报.科沃斯2021年归母净利润增长213.51%[EB/OL].(2022-04-25)[2023-01-14].https://finance.eastmoney.com/a2/202204252357392037.html.

己也许更像索尼的盛田昭夫,因为无论科沃斯还是添可都是智能技术公司,要靠技术打天下。但仔细想下自己又更像松下幸之助,"因为我们就是希望用智能化技术为用户创造美好生活"。

第二,科沃斯对技术领先的追求是为了不断提升产品竞争力,从而为消费者解决问题。

如前所述,南京大学物理学硕士毕业的钱东奇,对技术有着过人的敏感性,在从事吸尘器进出口业务时,马上就发现行业内先进的技术在戴森那里,为此带领技术人员迅速学习模仿,并开发出拥有自主知识产权的多级旋风吸尘器。接触到国外扫地机器人技术后,他马上组织了一个五人 HSR 团队进行跟踪学习,开发独家技术,从而成为全球较早进行服务机器人的独立研发、设计和制造企业,并最终成为中国扫地机器人行业的标杆企业。尽管是一家科技企业,但钱东奇一直强调科沃斯的产品是为了满足消费者从繁重的家务中解放出来的身心需求,即所谓"懒人经济"。消费者收入水平越高,就越倾向于休闲而不是劳动,他们更愿意把业余时间用于社交、娱乐和学习,而不是无聊地擦窗扫地。科沃斯的服务机器人,恰恰可以通过运用人工智能、传感器和自动控制等技术更好地替代人做好繁重的家庭清洁工作,让机器人服务每个人。

第三,科沃斯产品线的不断丰富,产品的快速迭代,契合了中国都市消费者对美好生活方式的追求步伐。

表面看,科沃斯从事机器人产业,技术日新月异,企业唯有不断追求技术创新、加快产品迭代,才能保持技术领先优势。科沃斯的确也是这么一路发展过来的——基于多年的研发投入和技术沉淀,科沃斯基于消费者的生活场景和需求开发了包括扫地机器人、擦窗机器人和空气净化机器人等在内的多款服务机器人产品。例如,擦窗机器人窗宝是扫地机器人技术在新的清洁需求场景的自然延伸;空气净化机器人沁宝是将机器人技术注入空气清新机,可实现全屋空气监测和移动净化,让居所清洁需求由物理表面延展到了空气。所以说,没有对消费者生活方式发展的精准洞察,就没有科沃斯产品矩阵的不断丰富和完善。此外,科沃斯还进入了商用机器人、割草机器人等领域。科沃斯的家用服务机器人都是根据目标消费群体的生活场景需求而不断开发的,满足了人们新的生活方式的需要。

(二)添可再出发

2018年,科沃斯公司成功上市,钱东奇遂将这一品牌交给儿子钱程打理,并由钱程出任上市公司首席执行官(CEO)。自己则转身开始了二次创业,投入到全新品牌添可的创建过程。之所以推出添可,一是因为泰怡凯(TEK)的基本产能还在,需要得到充分的利用;二是科沃斯放弃的吸尘器业务不仅技术基础好,而且国内外市场需求依然强劲,如果仅仅用来代工难以产生更高价值;三是钱东奇发现家电智能化大趋势愈益明显、大有可为,将成为家电发展的新蓝海。添可决定先从熟悉的智能小家电入手。

最初,公司将智能小家电业务都装在TEK品牌之下,TEK既是代工业务品牌,也是公司智能家电品牌。但随着业务规模的扩大,特别是自有品牌的全球业务量越来越大的时候,公司发现TEK存在一些知识产权障碍,为此,科沃斯集团决定在全球注册全新添可(TINECO)商标。添可的中文意谓"添加无限可能",英文品牌名称及其发音也征求了多方专家意见,进行了市场测试,确认这是一个有点亲民、有趣和可爱的品牌名称,并且和科沃斯(ECOVACS)品牌名称一样,包括"ECO"(生态)这一可持续发展的特定含义。

添可也是从吸尘器起步的。最早的"杀手级"产品就是"AK47":一种无线吸尘器。由于没有了电线的束缚,消费者可以更自由方便地使用产品,体验好感油然而生。尤其是在国际市场,添可产品相对于竞争者具有更好的性价比,因此深受消费者欢迎。很快,添可就在吸尘器的智能化方面迈开了步伐。

浸淫家电业三十余年,钱东奇对家电产业的技术发展趋势了如指掌,对家电产品的审美也与索尼的大贺典雄和苹果的乔布斯惺惺相惜。他对添可品牌及其产品概念的形成有着独到的见解。早在添可品牌尚未正式成立之前的2017年,他就对产品部门负责人提出要求:吸尘器要在无线的基础上大力探索智能化方向,为产品注入灵魂。市场研究部门发现,在中国消费者(主要是都市消费者)的居住环境中,各种角落、家具底下灰尘较多,其他地方的灰尘则较少,因此,吸尘器并不需要全时以最高功率工作,而需要开发能够识别灰尘量大小并因此调整吸力大小的智能工作方式。在智能工作方式下,电池的续航时间更长,噪声控制更好,用户体验更佳。于是,飘万(Pure One)诞生了。2019年3月,添可在上海发布智能无线吸尘器飘万,首次搭载环境识别(灰尘)智能传感系统,运用"识别、感知、反馈、呈现"的智能除尘方式,彻底改变了传统吸尘器需要手动调节的操作模式,被誉为"会思考的智能吸尘器"。

添可真正令人刮目相看的产品是当红的明星产品芙万(Floor One)洗地机。在吸尘器时代,家庭地面清洁过程一般需要经过吸尘、拖地两个步骤,其中,拖地过程还包括多次清洁拖把的动作,比较繁杂、费时、费水还单调。添可产品研发部门深知消费者的痛点,一直在尝试是否能将吸尘、拖地和清洁拖把等程序整合起来,经过不断地摸索和产品的两次失败,全新物种智能洗地机芙万1.0在添可诞生并于2020年正式上市,上市首日即赢得了"断货王"的称号。2019年,在添可发布洗地机之前,洗地机的市场规模只有7 000万元;2020年,添可正式发布洗地机后,整个市场规模将近13亿元,其中添可的市场占有率达到70%;2022年,市场上洗地机品牌已有超过100家,行业规模超过100亿元。从一定程度上说,添可推动了洗地机品类的飞跃式发展,对清洁电器领域的规模增长作出了很大的贡献。当然,连续多年销售爆红的前提是

用户价值创新：
添可如何在红海中开创蓝海

芙万产品随消费者需求升级而不断自我迭代。从干湿两用功能清洗机到智能洗地机，再到智能洗地机的空间站时代，芙万一直致力于让消费者用得更高效，用得更省心，用得更有乐趣。

在解决了消费者的家居清洁需求之后，钱东奇又把目光投向家务劳动的又一个大难题：做饭。吃在中国消费者心目中的分量很重，随着人们的工作和生活节奏越来越快，人们用于做饭的时间越来越少。忙碌的单身年轻人或者丁克家庭，往往只能靠外卖、便当甚至路边摊解决一日三餐，这就是近年来外卖平台火爆发展、便利店变身"便当店"，以及料理包、预制菜餐馆应运而生的原因。但有孩子的核心家庭，或者对吃较为讲究的精致生活人群，或者在特定的场景下必须自己做饭的消费者，他们有更好的方法解决吃饭问题吗？近十年来，料理机的出现部分地满足了消费者的需求。比如，德国福维克公司的美善品多功能料理机，就在部分白领家庭流行开来，获得了较好的市场反响。一批新老企业如纯米、美的、博朗也跟随美善品的步伐，进入了家庭料理机的市场。

添可自然不会轻易放弃这样的市场机会，但钱东奇式的市场洞察总是能发现消费者行为的真实需求。在钱东奇看来，现有多功能料理机并没有节省消费者用于买菜、洗菜、切菜、刷锅等的时间和精力，却剥夺了消费者炒菜环节的一些创造性劳动及其乐趣，这完全是违背人性的本末倒置。如何尽量节约消费者用于炒菜前后的繁复劳动，而尽可能地保留消费者自己当大厨的乐趣，应该是添可料理机的开发方向。于是,添可食万(Chiere One)智能料理机从人们常忽略的一日三餐入手,用创新科技逐渐搭建起食万 3.0 系列、食万净菜供应链和添可生活 APP 三位一体的食万生态体系,让消费者享受"简单、快、好吃"的全新生活方式。其中,食万是智能料理机,也是食万解决方案的前台系统,它具有依据内置或云端菜谱自动烹饪多种中西菜式和点心的功能,以及自动精确投放佐料、自动冲水刷锅等功能。食万净菜则是一个前所未有的产业创新,是为了让没有时间买菜、洗菜、备菜的消费者也能吃上美味菜肴的预制菜解决方案。为此,添可致力于推动中餐标准化建设,成立了数字美味研究院,从家电产业跨界到食品界,制定高于国家食品生产标准的企业标准,吸引第三方为食万料理机提供预制净菜,从而最大限度地方便消费者。添可生活 APP 则是消费者选购预制净菜、实现料理机前后台沟通的一个平台。

除了飘万、芙万和食万,添可还根据对消费者生活需求的洞察,开发了个人护理领域的智能吹护机、美发梳等,并不断琢磨如何为消费者的生活添加无限可能。

从添可简要的发展过程,我们同样可以看到钱东奇及其团队在市场洞察方面的努力。

1. 市场洞察首先是对市场发展总体趋势的把握,善于抓住大机会

添可品牌和科沃斯品牌都是在钱东奇及其团队对市场机会的准确判断下适时推出的,科沃斯抓住了服务机器人这个

大方向,添可则抓住了家电智能化这个大趋势。

2. 对用户价值独特的感测-响应(Sense and Response)机制

科沃斯以多级旋风吸尘器打开市场,最终发现用户购买吸尘器的真正需要是轻松地拥有家居的清洁环境,因此,服务机器人才是满足用户真正需要的解决方案。添可以无线吸尘器进入市场,最终发现自己动手创造美好生活的消费者的真正需要在于家务劳动要省心省力,还要轻松、有趣、有成就感。于是,添可聚焦于利用智能化技术,开发能让消费者用得舒心、看得称心的各类创新性智能小家电,真正地实现"生活白科技,居家小确幸"的品牌主张。由此可见,两个品牌的发展过程存在显著的共同点,那就是都经历了"产品热销入市—用户价值反思—业务定位调整—品牌使命确认"的过程,这一学习过程构成了科沃斯集团关于用户价值独特的感测-响应机制。

3. 技术创新是帮助企业开展有效市场洞察的阶梯,也是用户价值差异化的实现手段

科沃斯发展初期对多级旋风吸尘技术的模仿式创新,让公司明白了用户购买高技术吸尘器的核心需要不是追求技术,而是更高效的清洁能力。科沃斯对家用服务机器人技术的前瞻性投入,也让公司看到了机器人替代消费者解决家居生活难题的趋势性需求。科沃斯充分挖掘消费者各种生活场景下的家务劳动痛点,寻求通过服务机器人来更有效地解决问题,就为科沃斯品牌的产品发展规划了蓝图。添可关于智能化技术的不断探索,能帮助企业不断加深对消费者生活方

式的理解,从而反过来确定智能化技术的发展方向和重点。就像添可首席执行官冷泠在访谈中提到的,科沃斯和添可都不是纯粹为了研发而研发新技术,所有的技术都是为了创造用户价值而投入和准备的。

二、创新用户价值①:添可品牌营销的底层逻辑

从表面看,添可这几年来的快速成长,似乎依靠的是飘万、芙万这样的爆款产品,用一句"产品为王"似乎就能总结公司的发展逻辑。但如果你深入了解过添可,和钱东奇及其管理团队有过深入接触,就会发现添可的成功自有其内在的必然性。

(一)添可产品的手段-目的链分析:以添可食万为例

这里以添可食万智能料理机为分析案例,探讨添可品牌产品是如何创新用户价值的。

1. 用户价值洞察

随着消费者工作和生活节奏的加快,网络科技和智能技术为消费者的各类生活提供了前所未有的便利性,"懒人经

---

① 本书以"用户价值"指称"顾客价值""消费者价值"等市场营销学中的相关学术概念,书中有关顾客价值理论、消费者价值理论的内容在大多数情形下也会被称为用户价值理论。这主要是为了让本书内容更符合添可企业经营的独特语言系统,也体现添可用户导向的管理文化。

济"和"宅经济"现象越来越火。不愿逛街,不愿扫地,不愿做饭……催生了许多新兴的商业模式、服务形式和产品样式。智能料理机就是在这样的背景下横空出世的。钱东奇认为,智能料理机是一个巨大的蓝海市场,但受制于技术创新不足和产品创新不力,消费者在新鲜美味、健康营养等方面的很多需要并没有得到满足。因此,从一开始添可就在不断地追问消费者关于做饭的真正痛点和真正需要是什么?经过多次头脑风暴,钱东奇带领添可团队总结出消费者的核心价值在于"精致快生活"。相对于外卖、预制菜等解决方案,智能料理机应在提供美味、健康等精致化价值方面有专长。

2. 产品利益及其属性分析

产品利益分析涉及功能利益、认知利益、社会利益和心理利益等多个方面。添可智能料理机"精致快生活"的最终用户价值,体现在哪些用户利益点上?这是产品概念开发过程中最为关键的流程。如前所述,除了省时省心这样跟"快生活"联系在一起的利益点之外,新鲜美味、健康营养等精致生活的利益点必须得到充分的挖掘。如果说美味、健康和省心是用来支撑"精致快生活"的社会心理利益点,它们又需要哪些功能利益来实现呢?一般的料理机和用户自己炒菜没有太大的区别,新鲜美味、健康营养主要依赖于消费者自己的习惯,省心主要依靠料理机的自动控制程序。一些竞品品牌(如美善品)通过提供菜谱和社群化的培训,来帮助用户培养好的烹饪习惯,从而实现新鲜美味和健康营养的价值传递。添可智能

第一章
添可如何跑出新赛道？

料理机则在这方面放了一个大招：中餐标准化、美味数字化。添可为此和浙江工商大学共建了数字美味研究院，开展了关于中餐标准化的基础性研究，建立了各种中国菜的美味风味模型、风味反应数据模型、保（复）鲜能力数据模型和降低生物变化数据模型等，在此基础上确定食材的选择标准、食材加工过程的参数控制标准、烹饪食材标准、烹饪过程参数控制标准以及成品菜的风味标准等。这些标准都通过数字化的方式固定下来，成为智能料理机的控制程序及其数据包，运行在食万智能料理机平台上，或者成为食万净菜供应体系的种植养殖、储存运输和食品加工等过程的标准。因此，食万智能料理机除了和竞品品牌一样可以让用户自己买菜做饭之外，最大的创新在于其形成了一个自我配套的净菜供应体系，用户可以通过 APP 下单净菜半成品常温料理包（目前有 100 多种，并正在快速增加中），在炒菜的时候只需扫描料理包上的二维码就能找到对应的菜肴制作程序数据包，并按照这一程序投放食材，食万智能料理机会根据程序自动添加各种调料（油、盐、酱油、水等），完成烹制。在用户取出菜品之后，料理机还会自动刷净炒锅备用。此外，食万智能料理机还允许用户将自己制作菜肴的过程一键生成数据包，供自己或上传平台分享给他人使用。因此，美味数字化基础上的食万智能料理机在功能利益上，提供了标准可控的菜品质量、快捷高效的烹饪过程、多种多样的菜品选择、安全可靠的净菜供应等，这在本质上形成了一个"精致快生活"的美食解决方案。

3. 添可食万智能料理机的手段-目的链

我们根据添可食万智能料理机的开发过程及其思考,绘制了图1.1。图中简要描绘了食万智能料理机的产品属性、用户利益和用户价值之间的逻辑关系。产品属性层被称为手段,用户价值层被称为目的,将产品属性和用户价值联结起来的价值创造关系,在市场营销学中被称为手段-目的链。从图1.1中可以看出,添可在中餐标准化和美味数字化方面的系统创新,构建了由智能料理机产品、数据包(在线烹饪程序)和净菜供应链组成的解决方案,这一解决方案为用户提供了标准可控的菜品质量、快捷高效的烹饪过程、多种多样的菜品选

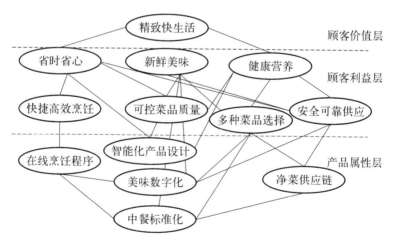

图 1.1 添可食万的手段-目的链

注:本图绘制参考了市场营销学者罗伯特·伍德拉夫(Robert R. Woodruff)关于用户洞察分析的相关方法。参见罗伯特·伍德拉夫.洞察你的顾客[M].董大海,等译.北京:机械工业出版社,2004.

择、安全可靠的净菜供应等功能利益,在此基础上进一步为用户创造了省时省心、新鲜美味和健康营养三大社会心理利益,最终向用户传递了"精致快生活"的核心价值。

我们可以利用这一方法,针对添可的每一个产品展开具体分析,从而揭示添可品牌产品价值创造的底层逻辑。

(二)添可品牌卓越营销的底层逻辑在于用户价值创新

前面提及,添可不同于科沃斯的地方在于,添可所有的产品虽然是智能化家电产品,但它们不是机器人,都是需要由人来操作的机器。只不过智能化可以让人在使用过程中感觉更方便、更高效、更有趣和更有成就感,因此更有价值。

添可在短短几年成为全球智能小家电中的专业品牌,在中国的市场份额一直高居首位并大幅领先竞品品牌,在美国亚马逊、沃尔玛等线上或线下销售平台也成为最大的智能小家电产品供应商之一。其竞争优势究竟在哪里?其价值创新又表现在哪些方面?这都是值得探讨的问题。

1. 差异化聚焦的业务战略,塑造了添可的差异化竞争优势

在国内智能家电产业,添可是一个独特的存在。相对于美的、小米这样的全市场覆盖的企业,添可主要聚焦于中高端家庭市场,因此是聚焦化竞争战略;相对于美的、九阳那样的强调低成本优势的公司,添可和小米一样强调差异化优势的建立。因此,添可的竞争战略可以简单地总结为差异化聚焦战略(见图1.2)。

		竞争优势	
		成本优势	差异化优势
市场覆盖	全部市场	总成本领先战略 (美的)	差异化战略 (小米)
	单一市场	低成本聚焦化战略 (九阳)	差异化聚焦战略 (添可)

图 1.2　添可的差异化聚焦竞争战略

注：本图依据迈克尔·波特《竞争战略》一书的相关理论进行绘制。参见迈克尔·波特.竞争战略[M].陈丽芳,译.北京：中信出版社,2014.

添可之所以选择聚焦中高端市场，主要原因在于以下两点。

第一，钱东奇及添可经营团队始终在关注、监测智能小家电市场，并在产品研发方面有足够的准备。培根说，愚者等待机会，智者造就机会。近十年来，人工智能、物联网、传感器技术和数字化技术的快速发展，激发了智能家电产业的成长，消费者需要也因此开始浮现。最先成为用户的一般是受过良好教育、购买力较强的中高端都市消费者。这类先锋型消费者市场由于初期数量不大，很少引起大型企业的关注，因此常常是具备技术基础和市场洞察能力的中小企业的理想目标市场。添可长期耕耘国际吸尘器市场，了解国际市场及其发展趋势，将国际市场经验和知识转移到国内市场，是十分自然而又有效率的事情。

第二，科沃斯集团在家电出海渠道和国内分销渠道方面的多年布局，为添可产品顺利导入市场提供了重要的保障。

第一章
添可如何跑出新赛道？

虽然添可和科沃斯是严格分品牌经营的，但在市场资源调配、经营经验分享和经营团队支持方面有着较大的协同空间，这也是添可营销效率的来源之一。

添可选择聚焦于差异化竞争优势，也有如下重要的支撑条件。

第一，添可及科沃斯集团在吸尘器、服务机器人等领域的技术研发一直居国际先进水平，在和戴森、iRobot这样的强大竞争者长期学习和较量的过程中，更是开阔了视野、提升了能力，这是添可在中高端智能家电特别是小家电方面具有技术先发优势的重要基础。

第二，添可及其前身泰怡凯在家电领域长期经营所形成的完善的产业链，为添可品牌的差异化竞争优势提供了价值链保障。在长期的代工业务经营过程中建立的家电生产体系，保证了添可的生产效率和质量管理水平；而由此建立的完善的供应链系统和分销系统，保障了添可进货物流和出货物流的效率，再加上添可及科沃斯集团较为活跃的研发系统、较高的员工能力和基础设施水平以及成熟的分销服务能力等，构成了一个完整的企业价值链，从而为添可在较短时间内建立起面向中高端市场的差异化竞争优势提供了基础（见图1.3）。与小米外包产能为主的价值链不同，也与美的集团这样的复杂价值链不尽一致，添可小而全的完整价值链，决定着其竞争优势和其市场聚焦战略之间有着天然的匹配性。就像西班牙著名快时尚品牌ZARA那样，为了保证其"少量、多

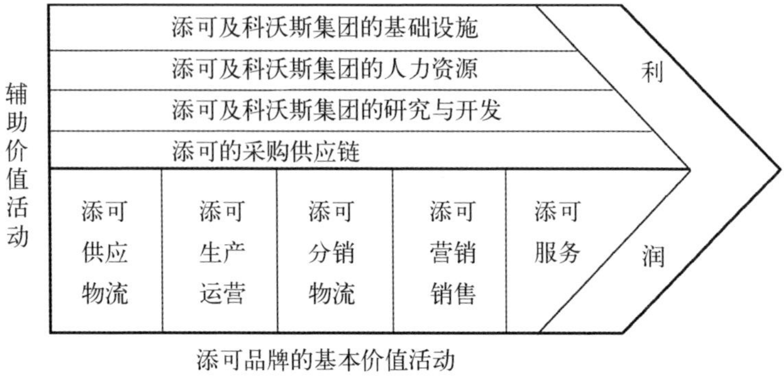

	添可及科沃斯集团的基础设施					
辅助价值活动	添可及科沃斯集团的人力资源					利润
	添可及科沃斯集团的研究与开发					
	添可的采购供应链					
	添可供应物流	添可生产运营	添可分销物流	添可营销销售	添可服务	

添可品牌的基本价值活动

图 1.3　添可品牌完整的企业价值链

注：本图依据迈克尔·波特《竞争优势》一书的相关理论进行绘制。参见迈克尔·波特.竞争优势[M].陈丽芳,译.北京：中信出版社,2014.

款、快速"这一商业战略的有效运营,公司就必须拥有强大的供应链保证其备货能随时适应时装市场的快速变化,有最近距离的生产外包体系和高效的物流配送体系支持其产品能在12天左右快速地进入全球门店。从这个意义上说,添可类似于智能家电领域的ZARA,同样奉行"少量、多款、快速"的商业战略,但添可的产业链和价值链更为完整。由于智能小家电领域对产品技术和质量的要求远高于时尚产业,因此,添可的差异化优势除了来自技术差异化之外,还包括质量形象的差异化、设计美学的差异化等。当然,如果能在品牌层面建立整体差异化,也应当是一个重要的方向,但在目前添可的价值链中,对这一部分的价值活动的支持力度还不太够,也是未来需要提升的地方。另外,如果添可过早地进入中低端市场,这样的完整价值链反而难以发挥优势。

第一章
添可如何跑出新赛道?

2. 基于价值链的差异化竞争优势,是添可创新用户价值的源泉

添可差异化聚焦的业务战略及其建立在完整价值链基础上的差异化竞争优势,为其用户价值的创新提供了较大的空间。

关于顾客(用户)价值分析的理论汗牛充栋。我们在这里主要引用"谢斯-纽曼-格罗斯"(Sheth-Newman-Gross)消费价值模型[1],来分析添可品牌及其产品是如何创新用户价值的。

"谢斯-纽曼-格罗斯"消费价值模型认为,消费者在面对某一产品时选择买或不买、选择此产品还是彼产品,以及选择某品牌而不是另一品牌的原因时,会基于五种不同的消费价值作出决策。这五种消费价值分别为功能价值、社会价值、情感价值、认知价值、条件价值。功能价值(functional value)是指产品自身具备的实体或功能价值。当一个产品具有某些功能属性,能满足消费者使用该产品功能的目的,则该产品就具有了功能价值。社会价值(social value)是指某产品能使消费者与特定社会群体联结而产生的效用。如果产品具有社会价值,消费者选择产品就可能忽略其真实特性与功能,而关注产品能否提升自身社会地位,塑造社会形象,或是满足内在的自

---

[1] Sheth, Newman, Gross. Why We Buy What We Buy: A Theory of Consumption Values[J]. Journal of Business Research, 1991, 22(2): 159-170.

我欲望。情感价值(emotional value)指消费者的产品选择可能取决于自身情感的需要，其获得的产品价值源于其所选产品引起的感觉或喜爱的感知。认知价值(epistemic value)则指消费者的选择取决于产品是否具有满足好奇心、新鲜感和追求新知的特性。条件价值(conditional value)指消费者面临特定情境时所作的选择。如在某些情境下，产品能暂时提供较大的功能或社会价值，就会产生某种功能性条件价值或社会性条件价值。条件价值通常和消费者的前序状态相联系，条件价值不是长期保持的而是短暂拥有的。消费者选择产品时，可能只受上述五种价值之一的影响，但更大的可能是受到两种以上甚至是五种价值的共同影响(见图1.4)。

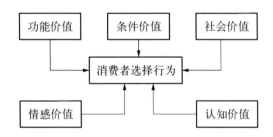

图1.4 "谢斯-纽曼-格罗斯"消费价值模型

资料来源：Sheth, Newman, Gross. Why We Buy What We Buy: A Theory of Consumption Values[J]. Journal of Business Research, 1991, 2(22): 159-170.

为消费者提供"精致快生活"是添可用户价值的集中表达，我们在前文以食万智能料理机为案例做了较为具体的分析。这里以"谢斯-纽曼-格罗斯"消费价值模型为工具，探讨

第一章
添可如何跑出新赛道？

添可品牌及其产品的用户价值创新是如何影响消费者选择的。

第一，极致的功能价值满足了目标消费者家电消费升级的需要。添可在产品技术研发上的不懈投入和持续迭代，让"产品定型必成爆款"成为一种现象。从飘万智能吸尘器到芙万智能洗地机的产品演进，就是添可追求极致功能价值的一个很有说服力的案例①。飘万被称为"会思考的吸尘器"，能够自动感知灰尘多少并自动调整吸力，单手轻松操作，噪声低并且续航时间超过一个小时，技术出色且价格更有优势。但由于戴森在吸尘器这一赛道是一个独特的存在，尽管飘万做得已经相当出色，也只配做行业第二。但钱东奇和他的伙伴们发现，飘万跟着戴森继续做智能吸尘器恐怕陷入了"营销近视症"（莱维特，2004），哪怕技术超越戴森，也不会彻底解决消费者的痛点。实际上，消费者真正需要的不是一台先进的吸尘器，而是干净舒心的家居环境。吸尘器虽然解决了清除家居灰尘的问题，但消费者尤其是中国消费者一般还需要再进行拖地，为了把地拖干净还需要多次清洗拖把，这些工作费时费力，再智能的吸尘器也解决不了。于是，集吸尘、拖地和自清洁于一身的产品创意得以浮现，这就是芙万智能洗地机的产品概念。2020年，芙万1.0上市，它可以智能识别脏污，在

---

① 钟经文.多管齐下，洗地机发明者添可芙万用创新"读懂"消费者[EB/OL].中国日报中文网，(2022-11-14)[2023-01-13].https://caijing.chinadaily.com.cn/a/202211/14/WS6371df9ca3109bd995a4fd87.html.

用户价值创新：
添可如何在红海中开创蓝海

高效清洁的同时，消费者可以全程不弯腰，像遛狗一样轻松清理全屋。这一产品一炮而红，成为都市中高收入家庭的新宠。到2022年，经过多次升级迭代，芙万Station将洗地机带入智能空间站时代。消费者实现了"拿起来就用，放下不用管"的全新体验和极致功能价值。

第二，温暖的情感价值有助于塑造消费者和产品之间的情感关系。消费者使用产品除了解决问题之外，还有表现自我的情感需求。添可品牌从设立开始，就明确自己的品牌主张是"生活白科技，居家小确幸"。这是钱东奇及其管理团队对消费者需要的精准洞察的结果。钱东奇曾说，黑科技貌似技术高深冷酷，但和消费者之间的距离远了，这不应该是智能小家电追求的方向。添可应该是很贴近消费者生活的品牌，好看还好用。消费者在使用添可产品时，特别有成就感，效能出乎自己的预料，就像自己的手的延伸，很容易产生好的产品体验，从而喜爱、推荐和主动宣传产品。这样的"居家小确幸"，帮助塑造了产品和消费者之间的情感联结关系，对于建立品牌忠诚度和建设品牌社区关系都是非常有帮助的。

第三，有趣的认知价值开启了面向新一代消费者的价值创新之窗。添可品牌建设之初，钱东奇就明确未来的智能小家电业务不是科沃斯那样的机器人，而是需要由消费者动手操作的智能化电器。这一定位为添可在用户认知价值创新方面提供了一个全新的窗口，也成为添可差异化竞争优势的独特表现。要让消费者通过操控机器实现"精致快生活"的价值,就需要让机器成为人脑和人手的延伸,让人在使用机器的过程中收获知识、体验乐趣还有成就感。这对小家电来说是前所未有的价值探索。以往成功的品牌几乎没有,添可有幸成为第一个吃螃蟹的品牌。飘万的智能灰尘识别技术,帮助消费者吸尘更有效率;芙万智能洗地机,可以帮助消费者轻松地清洗边边角角的脏污,像遛狗那样轻松地完成原本高强度的保洁工作;食万智能料理机把买菜、洗菜和洗碗等繁重无聊的工作都做了,唯独将炒菜过程留给消费者参与,并鼓励消费者上传自己的独家菜谱……这样的人机协作安排,大大提升了用户的认知价值,让那些年轻、受教育水平高和更有生活情趣的新一代消费者更容易爱上添可产品,而他们恰恰是添可未来最主流的消费人群。

第四,扩展的社会价值有利于消费者的群体认同,构建未来的生活方式。添可智能家电是在互联网技术、人工智能和大数据分析技术不断进步的背景下快速发展起来的,并且很快受到互联网时代主流消费者的青睐。技术先进、颜值突出、人机互动好、操作乐趣多,高度契合这群消费者的共同需求,容易成为他们的"社交货币",乃至未来智能化生活方式的象征。这是添可社会价值创新的一个潜力方向。作为参照品牌,戴森是消费者社会价值创造的典范品牌之一,它已经成为追求生活品质的消费者的身份象征。添可的目标消费群体虽然更为年轻、更有探索精神,但在社会价值创新方面的追求应该是相同的,而且手段应该比戴森更加丰富。因为添可的产品范围更广,平台扩展性更大(如食万),价值链的完整度更高,也更容易实现。

第五,多变的条件价值将促进用户的场景消费,创造更多用户感知价值。在新消费时代,智能家电将需要开辟更多的消费场景。比如已经到来的户外露营热潮、新养生消费趋势、颜值经济兴盛等,这些都将是用户条件价值创新的机遇。在食万智能料理机的开发概念中,就能够体现这样的条件价值创新。对于大多数消费者而言,食万是一个依赖预制料理包支持的懒人料理机,消费者只要扫码按程序投入料理包中的预制食材,食万就可以很快做出美味的饭菜。但对于更愿意花时间准备新鲜食材自己烹饪的消费者而言,食万就可以变身为一台由消费者自主操控的料理机,而且能把烹饪者的创意程序记录并形成程序数据包,以便下次使用或上传至平台供其他消费者使用。这是典型的条件价值创新,是食万智能料理机的重要竞争优势。

3. 添可创新用户价值的底层逻辑小结

根据前面的讨论,我们总结一下添可创新用户价值的底层逻辑。

第一,添可基于泰怡凯及科沃斯集团长期代工生产而建立起来的小而美的完整企业价值链,自然而又必然地选择了差异化聚焦的业务竞争战略,并以此寻求并确立了以智能技术为核心专长、以人机协作为产品特色的差异化竞争优势。

第二,添可智能家电业务的差异化竞争优势,为公司在用户功能价值、情感价值、认知价值、社会价值和条件价值方面的创新提供了较为广阔的空间。目前,添可产品在极致的功能价值、有趣的认知价值等方面取得了很大的成果,突显了添可品牌的竞争力。未来,添可品牌在社会价值、情感价值和条件价值的探索方面将会产生更多的创新成果。

第三,在产品层面的价值创造过程中,添可产品都在努力构建"产品属性—用户利益—用户最终价值"之间的手段-目的链,以此来指导用户价值的创新。也就是说,添可产品属性的每一次创新或迭代,都服务于塑造差异化的用户利益,并最终为创造用户核心价值作出贡献。

三、智造美好生活:添可面向未来的营销探索

过去几年,添可在科沃斯集团20多年发展的基础上,顺势而为地开辟了智能家电的新赛道,并顺利成为新势力品牌。在秒针发布的"2022BrandGrow 最具增长潜力新锐品牌100强"榜单中,添可以322亿元人民币的品牌潜力资产名列第21位。在市场份额方面,添可更是一马当先,芙万智能洗地机一直高居70%,是名副其实的独角兽品牌。飘万智能吸尘器也是这一细分市场的前三大品牌之一。此外,食万智能料理机、摩万(Moda One)智能吹护机、秀万智能美发梳和娇万智能美容仪等一批智能小家电产品纷纷布局市场,为新一代消费者智造美好生活。

用户价值创新：
添可如何在红海中开创蓝海

然而，当下的市场环境没有那么令人乐观。全球贸易跌宕起伏，国际政经关系错综复杂，国内消费市场低迷不振……这些都对年轻的添可品牌发展构成威胁。

面向未来，添可品牌还有哪些突破之路？我们认为，以敏捷营销(agile marketing)穿越不确定性，以可持续营销(sustainable marketing)构筑品牌资产，以组织学习(organizational learning)锻造核心能力，是添可制胜未来的必由之路。

（一）以敏捷营销穿越不确定性

中国经济和中国企业当下面临的最大挑战就是不确定性。数字通信、人工智能和认知计算等技术的快速发展，社会结构、社会互动和生活方式的不断变化，国际局势、自然生态和市场环境趋向紧张，再叠加新冠疫情对社会生活各个方面的冲击，中国经济在过去3年经历了前所未有的波动，2022年更是跌入增长低谷。未来会怎样？唯一确定的就是未来的不确定性。

添可面临的外部环境同样也具有不确定性：不确定的技术变革方向，不确定的市场和需求变化，不确定的用户偏好的变化，不确定的市场竞争形势，不确定的海外需求和竞争趋势……

添可品牌自2018年诞生以来，尽管有3年是在疫情这样高度不确定性的环境下度过的，但公司的增长却异常迅速。这是因为添可早已有了自己穿越成长不确定性的法宝——敏捷营销。

第一章
添可如何跑出新赛道？

敏捷营销脱胎于敏捷制造（agile manufacturing）。20世纪80年代末90年代初，美国汽车业在反思与日本汽车竞争中落败的教训后发现，日本以丰田公司为代表的汽车精益生产管理的思想及其管理法则是制胜之道。为此，美国制造业也开始导入精益管理，并将之命名为敏捷制造。敏捷制造计划始于1991年，有100多家公司参加。通用汽车公司、波音公司、IBM、德州仪器公司、AT&T、摩托罗拉等15家著名大公司和美国国防部代表共20人组成了核心研究队伍。此项研究历时3年，于1994年年底提出了《21世纪制造企业战略》。这份报告提出，制造企业要采用现代通信手段，通过快速配置各种资源（包括技术、管理和人员），以有效和协调的方式响应用户需求，实现制造的敏捷性。由于敏捷制造的出发点就是快速响应市场需求，因此必然引起并改变企业的营销模式，敏捷营销的产生是自然的。实际上，敏捷制造和敏捷营销都是企业敏捷化经营的组成部分。

管理探析

添可的敏捷营销主要体现在以下三个方面。

第一，对消费者需要的持续关注和洞察。以公司最高决策者钱东奇为代表的经营决策团队，始终关注消费者对公司产品的反馈意见，关注消费者行为和生活方式的变化。除了跑市场，每周三下午雷打不动的经营会议，是交换各种信息、提出产品问题的重要交流会。

第二,对产品的持续升级、试错和迭代。智能家电市场的竞争异常激烈,新产品日新月异,公司只有在不断洞察消费者和监测竞争者行为的基础上,不断开发和升级产品,并投入市场试错,才能真正满足用户的核心需要。并在此基础上,引导和创造新的市场需求。

第三,建立跨部门的团队,通过部门和流程协同提升市场响应的效率。对市场消费者的快速响应是数字化时代市场营销最重要的发展方向之一,很多产业在实践中提出了自己的解决方案。比如食品杂货产业的高效消费者响应(efficient consumer response,ECR)系统、服装行业的快速响应(quick response)系统等。制造业普遍的探索是将敏捷制造拓展至敏捷营销,这样必然涉及研发、供应、生产、市场、销售等很多部门的协同工作,这对原来以部门和流程分工的制造企业来说是一个挑战。添可在目前产品线和品种比较少的情况下,主要采用项目制来实现各部门、流程之间的协同工作,创始人钱东奇亲自主持协调会议并将其制度化,保证了过去几年添可高效的市场绩效。如果未来产品线不断扩张,添可还需要不断探索新型的跨部门团队工作方法。

(二)以可持续营销构筑品牌资产

可持续发展是全球有责任企业的共同使命和未来机会。我国已经作出"双碳"目标的庄严承诺,为中国品牌特别是制造业国家品牌建设提供了巨大的战略机会,那就是未来中国国家品牌形象的差异化优势应当来自中国企业独特的可持续发展战略,来自中国企业在低碳、环保等领域的技术创新,来自中国在新能源、新材料及其他绿色产业链等方面形成的独特优势。通过长期努力,这些产品、服务、技术和产业创新的成果,将汇聚成"中国制造"品牌的总体形象,即未来"中国制造"将意味着低碳环保、绿色创新[①]。

在市场营销领域,可持续发展对应的主要议题就是可持续营销(或称社会责任营销)。全球著名的营销学权威菲利普·科特勒教授在其最新的《营销管理》第16版中指出,企业社会责任已经成为许多组织的优先事项,并根深蒂固地存在于它们的商业模式中。提高社会责任营销的水平需要采取三管齐下的方法,即关注社区、环境和市场,即所谓的三重底线(triple bottom line)[②]。

添可作为中国智能家电领域的领先品牌以及全球化程度较高的品牌,在可持续营销方面早有布局,并在未来品牌资产的建设过程中发挥重要作用。

首先,添可在产品设计、制造和营销过程中,始终贯穿了高效、节能(节水)和环境友好的可持续发展思想,并在持续不

---

① 蒋青云."双碳"目标下中国企业品牌建设的机遇与路径[J].可持续发展经济导刊,2022(3):36-38.
② 菲利普·科特勒等.营销管理:第16版[M].陆雄文,等译.中信出版集团,2022.

用户价值创新：
添可如何在红海中开创蓝海

断的产品迭代过程中不断优化。比如芙万智能洗地机的"水电平衡"解决方案，实现了在一次清洁过程中消费者无须换水、倒水和充电，从而在高效清洁的同时最大限度地节约了水和电。此外，在产品材料的选择过程中，坚持安全环保第一的原则，积极探索免喷涂材料的开发等。我们希望未来添可品牌的可持续营销继续着力于将可持续发展要素逐渐转变、沉淀为添可品牌的感知质量（perceived quality）信号，这样建立起来的品牌资产将更有差异性和可持续性。我们认为，这是中国制造业品牌可持续营销的基础性任务，也是未来中国制造品牌形象的重要底色。

其次，添可在工作场所企业社会责任和社会营销各方面进行了可贵的探索。工作场所企业社会责任是内部营销绩效的重要维度，也是ESG（环境、社会和治理的简称）企业评价的重要方面。添可一直致力于打造内部尊重员工、包容开放的工作氛围。在钱东奇的管理风格中，激励员工参与决策一直是一个重要特色，并且还鼓励员工多提批评意见。他甚至会跳出工作环境，把团队成员拉到茶馆一起头脑风暴，从而激发更多的创意。实际上，食万智能料理机就是在这样的头脑风暴中产生的产品创意。在食万1.0交付市场试销之后，收到了很多用户的批评意见，钱东奇又一次组织了员工头脑风暴，从而形成"精致快生活"这个料理机最为核心的用户价值洞察。在社会公益营销方面，作为智能家电品牌的添可更关注人工智能、半导体和生物医疗等领域的科学研究，关注从小学到大学的人才培养。钱东奇曾多次向母校南京大学捐款，2022年更是捐款4亿元人民币，分别用于人工智能、生物医疗和半导体的科学研究，建立雅辰科技教育发展基金资助南京大学和南京部分中小学的人才培养项目。以食万3.0Pro、食万净菜及添可生活APP组成的食万生态体系为依托，联合华东师范大学苏州湾实验小学为4—5年级小学生开设了主题为"中华小当家"的食万教育劳动公益课堂。课程以《中华小当家》的美食制作片段为引，指导6组学生利用食万智能料理机相互配合，完成应季菜品的烹饪。在社会慈善营销方面，添可则根据产品价值和市场需求，开发有社会价值的慈善项目。比如添可在近3年的抗疫过程中多次向战斗在抗疫一线的医护人员捐款捐物。另外，添可还携手二牛与流浪狗救助站，帮助流浪狗温暖过冬。作为一家成立仅4年多的公司，添可在社会营销方面的投入很大。对此，钱东奇说："这就要求我们每年都能保持高业绩增长，能够始终保持创新能力和核心竞争力。"将公益投资当作对企业增长的动力，通过可持续营销达成可持续增长，这是添可社会责任营销的一抹亮色。

最后，添可自觉地将商业模式的创新和可持续营销有机结合起来，以探索面向未来发展的企业竞争优势的创新之源。如前所述，在添可食万料理机的开发过程中，钱东奇逐渐形成了一种新的商业模式创新思路，即基于美味数字化和中餐标准化，除了出售食万智能料理机外，还搭建食万净菜供应链，建设添可生活APP，从而形成了一个闭环的商业模式。在这个商业模式中,最与众不同的是食万净菜供应链的建设。由添可数字美味研究院设定标准,由第三方根据标准严格生产制作的常温净菜,开辟了农产品从田间到餐桌的一种新模式,带动了上游农产品生产和加工业的发展,还减少了大量的浪费。钱东奇说:"食万净菜蔬菜的风干、冻干的工业化做好以后,从农田到菜市场的30%浪费就没有了。"这一商业模式未来如果获得巨大的成功,带来的不仅是中国家庭的厨房革命,而且是添可和利益相关者们共创新用户价值及社会价值的可持续营销实践,这是添可可持续营销的一个特色。

(三) 以组织学习锻造核心能力

添可是一家非常年轻的创业公司。从0到1的开局堪称完美,这主要归功于创始人钱东奇对市场机会的捕捉能力、对用户需要的洞察能力以及对激发团队渴求成功的领导能力等。这背后又有钱东奇独家的贸易经验、独立的思维习惯,以及以科沃斯为基础的、由OEM起家而建立完整智能家电产业链的独特的商业资源作为支撑。

添可从1到100,将依靠什么?当然,还是离不开钱东奇。但一个钱东奇也许不够用了,100个钱东奇也不好用了。只有将钱东奇的个人经验和知识(隐性知识)转化为公司管理者的经验和知识(隐性知识),再通过公司独特的知识创造机制把大家的隐性知识转化为显性知识,然后在管理应用过程中将添可的各种显性知识组合起来解决问题,最后公司通过不断地组织学习和管理实践,将前述各个方面得到的经验,以共享心智或技术诀窍的方式内化为公司的隐性知识。这样一个循环过程被著名的知识管理权威野中郁次郎归纳为知识转化的 SECI 模型[1](见图 1.5)。而企业的独特能力(今天称之为核心能力),关键就在于企业能够有效地利用自身的资源和能力[2]。在这些自身资源中,最为重要的就是那些隐性知识。由此可见,组织学习是锻造企业核心能力的主要途径。

	隐性知识	到	显性知识
隐性知识	社会化		外显化
从			
显性知识	内隐化		组合化

图 1.5 野中郁次郎的 SECI 模型

资料来源:野中郁次郎、竹内弘高.创造知识的企业:领先企业持续创新的动力[M].吴庆海,译.北京:人民邮电出版社有限公司,2019.

---

[1] 野中郁次郎、竹内弘高.创造知识的企业:领先企业持续创新的动力[M].吴庆海,译.北京:人民邮电出版社,2019.
[2] Penrose E. The Theory of the Growth of the Firm[M]. New York: Oxford University Press,1995.

添可有着良好的组织氛围，也有着较好的组织学习基础。面向未来，添可组织学习的主要任务包括三项。

第一，如何将创始人钱东奇的经验、智慧、洞见和能力转化为添可的知识和能力？

添可在这方面有着较好的传统。创始人钱东奇每周跟项目团队有交流会议，还有经常的不定期的头脑风暴，围绕特定项目展开的交流深入而有效。这些"场"景非常有利于促进钱东奇个人隐性知识的社会化过程。团队成员通过这样的"场"域互动，学习钱东奇观察、思考和解决问题的方式和方法，通过了解他的奋斗经历而唤起自身的创造精神，达成共享的企业价值观。添可在隐性知识的外显化方面也有很多成果，将公司愿景、使命和价值主张标准化，并通过发布呈现给员工和外界。团队成员在陈述特定问题时所使用的基本概念、话语体系甚至比喻、陈述方式都较为一致……我们在访谈中切实感受到了这一点。添可将公司（包括科沃斯集团）多年探索形成的知识，用于开发新产品、新业务和新市场，这些都是公司知识组合化的有效实践。比如，如何将原本科沃斯品牌下的智能吸尘器成功地转移到添可品牌下成为第一个明星产品；如何结合中国家居清洁需求，在飘万智能吸尘器基础上发明出芙万智能洗地机这一全新物种，并成为添可品牌的旗舰产品等。此外，添可在上述几个方面实践的基础上，也逐渐固化了很多解决问题的流程、方法和技巧，形成了思考问题的共同方式和方法，这些共同知识会通过各种组织学习机制，内化为

第一章 添可如何跑出新赛道？

每位员工的个人隐性知识，甚至辐射到竞争者和合作者那边。

第二，添可的动态能力建设如何得以应对不确定的外部环境？

近年来，企业家和管理学者们演讲中讲得最多的是"乌卡（VUCA）时代到来了"。所谓乌卡时代，指的是易变性（volatility）、不确定性（uncertainty）、复杂性（complexity）和模糊性（ambiguity）交错共存的状态。当今世界，技术的快速变化、全球化趋势变幻莫测、俄乌战争突发、新冠疫情影响，这些错综复杂的因素叠加在一起，给各国经济和企业的发展带来前所未有的难题。如何通过合理利用内外部资源以不断适应富于变化的商业环境的能力，成为企业的一项重要修炼。新西兰经济学家大卫·蒂斯（David Teece，1994）将这种能力称为动态能力，又称其为改变能力的能力[1]。年轻的添可一诞生就处于乌卡时代，但在钱东奇及其团队的领导下，却取得了堪称辉煌的发展业绩。我们认为这跟公司的动态适应技术和市场变化的能力有相当大的关系，公司在技术方面一直在根据市场的变化实行小步快跑式的更新和迭代，几乎每个爆款产品的背后都有着这样一条同样的路线。而在营销端，同样根据用户需求和市场竞争的变化，快速调整品牌传播方式、渠道销售模式以及用户互动形式。这些变化背后也有

---

[1] Teece D, Pisano G. The Dynamic Capabilities of Firms: an Introduction[J]. Industrial and Corporate Change，1994，3(3)：537-556.

用户价值创新：
添可如何在红海中开创蓝海

以不变应万变的坚持,那就是钱东奇的初心:用智能科技创造梦想生活。这种变与不变的和谐统一,跟钱东奇除了物理还有哲学学科的背景也许有着某种关系。

第三,添可如何在共同价值观指引下形成共同心智？

添可品牌是年轻的,但添可又是有传承的,因为这是钱东奇在科沃斯集团内的新创品牌。虽然在品牌经营层面,添可和科沃斯是完全分开的,但在思想资源、组织资源和经营资源等方面仍然存在很大的共享空间。所以,添可品牌在创立初期就系统地提出了自己的使命、主张和核心价值观（见图 1.6）。

我们的使命 Mission

以智能科技创造梦想生活

我们的主张 Opinion

生活白科技 居家小确幸

我们的核心价值观 Core Value

用户第一，务实创新，激情奋斗，追求卓越
Customers first, practical innovation, passion and excellence

注释：
1. 用户第一：一切以用户为中心，用最优的产品体验和最佳的服务，致力于超越用户预期
2. 务实：尊重规律、脚踏实地、拒绝空想，相信一分耕耘一分收获
3. 创新：勇于突破自我、挑战陈规，敢为人先，持续创造新的价值
4. 激情：乐观向上、高效进取、执着专注、全情投入，保持高昂斗志，释放最大潜能
5. 卓越：坚持高标准、高要求，追求极致、永争第一

图 1.6　添可的使命、主张和核心价值观

资料来源：添可官方网站。

第一章
添可如何跑出新赛道？

根据图1.6关于公司使命、主张和核心价值观的内容，我们不难发现：第一，添可是一家具有全球化气质的公司，对技术和生活之间体用关系的理解具有普适性；第二，添可是一家用户导向的公司，始终以创造用户价值为经营驱动力；第三，添可是一家有追求有活力的公司，目标高远，斗志昂扬。如果把这些看成添可企业文化的基本特征，大家就能发现新一代中国制造业公司走向未来的一种全新姿态。

我们更关心的是添可企业文化走向成熟的必经之路，那就是如何在共同价值观指引下形成共同心智？如前所述，这本质上是一个组织学习过程。添可在钱东奇的领导下，已经形成了良好的工作氛围，高效的互动机制以及共享的价值观，这些都为形成共同心智打造了一个"场"域，我们所期待的是经历更多的时间积淀、更久的"知识螺旋"、更大范围的活动实践。

我们相信，添可会给大家一个完美的答案。

第二章
消费新时代的用户洞察

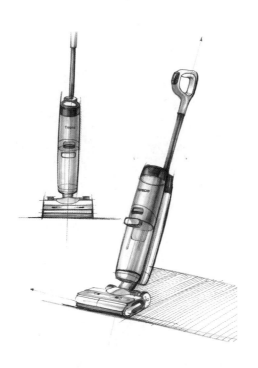

扫码观看视频课堂

早晨,用饮万(Hydrate One)喝清晨第一杯温水,净化肠道,唤醒自己,打开芳万(Filtri One),给空气做一次大扫除,呼吸雨后森林般的清新;中午,和食万(Chiere One)一起做一餐美食,和家人一起享用,把刷锅抛诸脑后;午后,当孩子和宠物嬉戏的时候,"遛"着芙万(Floor One)把家里的地板洗一遍,看着灰尘、污渍消散在弹指刹那间,给自己的勤劳一份肯定;夜间,用摩万(Moda One)给自己的秀发做一次居家 SPA,再用娇万(Julo One)修复一下疲惫的眼周,开启卧室的芳万,在佛手柑和薰衣草的幽香中入眠。

不用为雾霾担忧,不用为煮菜、刷锅而争吵,不用因为打扫孩子的战场而腰酸背痛、河东狮吼,做一位气定神闲、游刃有余的太太/先生、温柔耐心的妈妈/爸爸、精致的自己,这便是添可带给消费者的"居家小确幸",更是添可为消费者描绘的一幅未来梦想生活图景。

用户价值创新：
添可如何在红海中开创蓝海

一、新消费时代的来临

（一）新消费浪潮此起彼伏

伴随着中国经济 30 多年的持续高速增长，居民可支配收入相应增加，社会购买力也不断提升，消费者特别是都市消费者不再仅限于满足最基本的生活需要，而是更加注重高品质的商品及服务质量，更乐于在自己或家庭的成长方面进行投资，更愿意为精神的愉悦和情绪的缓解而买单，以探索生活无限的可能，成为更好的自己。

同时，生产力的提升也带来产品的多样化，商场的货架琳琅满目；智能技术的导入推动柔性化生产，成就了小单快返；电商的长尾效应使得小众需求得以汇集，并被满足；消费者"自我意识"的觉醒带来了消费的多样化和个性化，催生了各类私人定制……

快节奏、高压力的都市生活，智能化产品普及，以及共享经济、服务外包等新商业模式兴起，让口袋日渐丰满的人们更加倾向于休闲，于是成就了"懒人经济"。CBNData 的数据显示，2018—2020 年，线上消费者为"偷懒"花费的金额超过千亿元[1]。

---

[1] 腾讯新闻."懒人经济"爆发，2020 年市场规模超千亿[EB/OL].（2021-01-21）[2023-01-13]. https://new.qq.com/rain/a/20210121A01Z0W00.

第二章
消费新时代的用户洞察

5G通信、人工智能、大数据和云计算等数字技术的高速发展,让消费者进入了"万物互联"时代,智能手机高度普及,智能家居、智能汽车紧随其后。在家居领域,小爱、小度等智能语音已成为我们的居家好帮手;在汽车领域,智能辅助系统让驾乘体验更加舒适。

另外,厄尔尼诺、全球变暖、疫情肆虐提升了消费者的健康意识和环保意识,消费者更愿意为健康和绿色付费,购买更有利于身心健康的产品和服务,如健康饮食、增加运动,用智能监控设备掌握身体状况,配置净水器、空气净化器来应对生存环境的恶化,参与旧衣回收、包装精简、共享出行等来减轻对环境的负担。

最后,国力提升、生活改善,也让中国消费者更具民族自信和民族自豪感,国货消费成为新的潮流,中式茶饮和糕点、东方彩妆、故宫文创等成为消费者的新宠,一批国潮品牌如中国李宁、花西子和茶颜悦色深受消费者追捧。

(二)家电智能化消费方兴未艾

家电消费同样进入了一个新时代。

区别于20年前的必需品消费,今天中国消费者的家电消费更追求技术升级和生活品质的提升,相比较于低价的入门型产品,消费者偏好中高价的升级型、高性能产品,以期获得更好的使用体验。比如,消费者喜欢更大容量的滚筒洗衣机(10 kg+)、带热烘干和杀菌功能的洗碗机、智能升降的晾衣架

用户价值创新：
添可如何在红海中开创蓝海

以及无油的空气炸锅。消费者愿意带地宝回家保持地板清洁，带小爱回家协助控制智能家居，带大力回家以替代老母亲陪读。

区别于20世纪80年代的"老三样"——黑白电视机、洗衣机和冰箱，和90年代的"新三样"——彩电、全自动洗衣机、冰箱等"排浪式消费"，今天我国家电市场的需求呈现多样化、细分化甚至个性化的趋势，因此，供给侧的家电产品品类更加丰富，功能也进一步细化。以厨电为例，早期厨电以冰箱、煤气灶、脱排油烟机、电饭煲、微波炉和电热水壶为主，随着消费者对西式餐点、享乐型甜品以及烧烤需求的增加，烤箱、厨师机、面包机、咖啡机开始进入中国家庭的厨房，"懒人经济"的盛行更催生了洗碗机入户。近年来，为了满足消费者对健康生活的需要，净水器成为居家必备，豆浆机、榨汁机、破壁机、蒸箱、空气炸锅、果蔬清洗机和刀具砧板消毒机等也陆续进入千家万户，同期传统厨电也在不断升级换代。例如，冰箱产品从早先的双门、三门演化为今日的多门、超薄、内嵌等，分区智能控温可以满足不同食品的储存需求，进而延长食品的保质期，减少食品损耗；智能电饭煲的IH高压技术让米饭更香甜。在厨电市场，大厨电因单价较高、需要安装固定等因素，相对更换周期较长，整体市场增长较为平稳；小厨电则因相对低价、便捷可移动、功能利益点突出和高颜值等原因逆势增长。近年，年轻人喜欢的小熊电器、厨电摩飞等均有不俗表现。以空气管理类产品为例，传统家电以空调和电风扇为主，主要起到温度调节的作用。今天，我们可以在一户人家的家

第二章
消费新时代的用户洞察

里看到中央空调、新风系统、空气净化器、除湿器、踢脚线取暖器等各类产品,以营造一个空气清新、温度可控、含氧量合适的居住环境。

区别于上一代的亲力亲为,新一代消费者的"精致懒"推动着智能家电的加速渗透。这里的"懒"并不是"摆烂""躺平",对生活没有要求。相反,"懒人们"往往有较好的教育背景和经济基础,对家居环境的清洁、有序、舒适有着较高的要求。比起把自己困于琐碎、繁杂的家务中,他们更愿意花钱买精力和时间,或通过购买家政服务来彻底解放自己,或通过购买智能家电以提升家务劳动的趣味性,减轻个体劳动负担,提高劳动效率,从而提升生活品质,以满足其"精致懒"的愿望。近年,扫地机、洗地机和智能料理机等智能家电产品的迅速爆红,跟"精致懒"人群的价值观和生活方式高度相关。

水污染、雾霾和疫情使消费者对健康的关注度提高了。根据美团研究院的数据,2020年以来,空气净化器、净水器、扫地机器人、消毒衣柜、消毒柜、除菌洗碗机、按摩器材、血氧仪和制氧机等健康类产品的搜索量、购买量均显著增长[1]。根据巨量算数小家电消费者调研的数据,消费者对于提升环境健康程度的小家电及智能家居产品的关注度较高[2]。消费

---

[1] 美团研究院.2021年我国居民服务消费的若干新趋势[EB/OL].(2021-04-13)[2023-01-13].http://www.199it.com/archives/1230695.html.

[2] 36氪研究院.2022年中国小家电及智能家居兴趣人群洞察报告[EB/OL].(2022-02-17)[2023-01-13].https:∥36kr.com/p/1618963914682120.

用户价值创新：
添可如何在红海中开创蓝海

者更愿意购买智能清洁家具产品，在众多生活类小家电品类中，清洁类单品最受消费者的欢迎，约64.2%的受访者表示想购买扫地机器人，约42.1%的受访者想购买吸尘器[1]。

"金山银山不如绿水青山"，当前，绿色节能、可持续发展的理念已深入人心。越来越多的中国消费者倾向于购买高能效绿色家电产品，一方面是出于响应国家的绿色环保政策，另一方面也受到绿色家电节能补贴和总体使用经济性等因素的影响。比如，2019年，一级能耗冰箱的销售额占比为39.9%，2022年上半年，该比例已经上升至65.7%；2019年，一级能耗变频空调的销售额占比为54.9%，2022年上半年，该比例达到72.5%[2]。另外，由于国内家电普及型消费已经完成，升级型家电购买往往伴随着旧家电的置换需要。由于受到国家或企业"以旧换新"政策的召唤，以及家电电商平台的"旧机回收"服务和"闲鱼"等二手交易平台兴起的诱惑，越来越多的消费者选择通过二手平台进行闲置家电的流转、利用，无形中助推了绿色环保消费的兴起。

区别于20世纪90年代外资品牌独大的现象，今天的中国家电市场是"国货当道"。20世纪90年代，东芝、日立、索

---

[1] 36氪研究院.2022年中国小家电及智能家居兴趣人群洞察报告[EB/OL].（2022-02-17）[2023-01-13].https://36kr.com/p/1618963914682120.

[2] 捷孚凯GfK.从全球到中国2022上半年家电产业趋势[EB/OL].（2022-10-04）[2023-01-13].https://www.sohu.com/a/590139887_120855974.

尼、飞利浦、西门子、LG、三星等外资家电品牌质量优异、性能出色,是中国消费者首选的家电品牌。进入21世纪,随着中国加入WTO,中国本土家电产能放大,产品研发和技术能力大大提升,产品竞争力也大幅度提高。一些领先企业开始着力建设自己的家电品牌,如海尔、格力、海信和TCL等开始成为全国性品牌甚至世界名牌。中国年轻一代的消费者,因此更认可本土品牌的高性价比,认为中国品牌更懂中国消费者,从而反过来又推动着家电行业的"国货热"。正是在这样的背景下,年轻的添可品牌才会很快在市场上站稳脚跟,迅速成为智能小家电领域的专业品牌。

(三)智能家居先锋派和都市精致生活探索者成为添可品牌的主力消费人群

新消费现象、家电消费新趋势所反映的是新消费人群的需求、习惯和偏好及其变化。在以上消费趋势中,添可发现并锁定了两群消费者——智能家居先锋派和都市精致生活探索者。前者是添可的种子用户,后者是添可的主流用户。

智能家居先锋派对智能技术抱有强烈的热情和关注,具有相当的经济实力、良好的教育背景,愿意先人一步地体验新科技,并对技术进行拆解、分析和评价。智能家居先锋派好为人师,愿意与他人分享自己对新智能产品的独到见解,在电子消费品、智能家居等领域有一定的影响力。但智能家居先锋派是小众人群,从总消费量而言,对添可的销售贡献相对有

用户价值创新：
添可如何在红海中开创蓝海

限,真正点燃添可"芙"摇直上的是都市精致生活探索者。

都市精致生活探索者生活在都市,快节奏、高压力的生活让其倍感压力,日常消费中偏好便利性消费,如便利店、到家服务、网购等,对实效性要求较高,渴望整洁、宁静、舒适的居家环境,但厌烦琐碎的家务劳动,对于家务的投入有限,渴求速战速决但又要求结果完美。

都市精致生活探索者对生活品质有较高的要求：① 喜欢美食,但想要避免沾染厨房的烟火气；② 对生活抱有积极、乐观、美好的期待,喜欢新鲜、有趣、有价值的人、事、物；③ 喜欢干净、整洁、舒适的居家环境,但因忙于工作或家有幼儿、萌宠,而备受不可控的"脏乱差"的困扰；④ 注重个人、家庭和环境健康,关心空气质量、水污染等环保议题,有饮用净水、使用空气净化器的习惯,在消费中或出于利己性,或出于利他心会考虑污染、能耗等议题,未必会强烈地推崇绿色环保,但会对污染、浪费抱有明显的负面态度；⑤ 注重个人护理,对于个人形象有一定的要求,希望对外呈现得体、精致的自己；⑥ 注重感官体验,喜欢美好事物,具有较高的审美品位,对产品颜值有较高的要求,愿意用音乐和香气犒劳自己。

都市精致生活探索者有较好的成长环境、教育背景和经济实力,习惯于三思而后行,决策前会多渠道地比较分析,是相对理性、成熟、挑剔和有购买力的消费者。

都市精致生活探索者对新技术有一定的开放度和探索意愿,愿意基于他人的评价有条件地尝新,对产品的功能、外观、细节、人机交互等有较高的期待。都市精致生活探索者是智能生活的尝鲜者,乐于使用智能家电来减轻家务劳动负担,享受智能家电给自己带来的惊喜感、松弛感,愿意向他人推荐自己觉得高效、好用的智能家电。

都市精致生活探索者在社会上有一定的地位,追求掌控感,寻求自我效能的最大化,故而在使用智能家电时,即使未必如智能家电先锋派那般对产品的技术底层逻辑有深刻认知,也会寻求个人对产品的掌控,以寻求"一切尽在掌握"的笃定。

都市精致生活探索者在产品使用过程中,不仅仅止步于功能性的满足,还试图寻求精神上的契合,乐于支持与自己理念相符合的品牌,希望在消费中有态度,找寻自己的价值,更愿意为产品的趣味性、创新性、责任感等支付溢价。

二、解放双手还是重在参与?

(一)添可不同于科沃斯的新定位、新主张

添可成立于2018年,其前身是成立于1998年的泰怡凯,主要为海外吸尘器品牌提供代工服务。2000年,添可创始人钱东奇在经营泰怡凯的过程中觉察到服务机器人市场的机会,组建了一个秘密研发小组,代号为HSR,开始了家用服务机器人的研究。基于OEM的技术研发、生产加工和市场经

> 用户价值创新：
> 添可如何在红海中开创蓝海

验的积累，钱东奇萌生了创建自己品牌的想法，于是在2006年，钱东奇带领团队正式创立了科沃斯品牌，从吸尘器起步。2007年，科沃斯推出第一款扫地机器人。随着扫地机器人的业务超过吸尘器的业务，2011年，科沃斯正式决定放弃传统的吸尘器业务，转而将品牌聚焦于家用服务机器人的发展。经过几年的发展，科沃斯于2018年作为国内机器人第一股成功上市。此刻，钱东奇意识到：第一，泰怡凯的基本产能还在，需要充分利用；第二，科沃斯放弃的吸尘器业务不仅技术基础好，而且国内外市场需求依然强劲，如果仅仅用来做代工难以产生更高的价值；第三，家电智能化的大趋势愈益明显、大有可为，将成为家电发展的新蓝海。于是，钱东奇带领原泰怡凯团队创立了添可品牌，掘金智能小家电市场。

科沃斯是机器人，添可是智能小家电。从机器人的角度来说，更加自动化是追求的目标，科沃斯致力于解放人的双手、减轻人的劳动负担，提高人效，降低商用领域的人工成本，致力于"让机器人服务每个人"。科沃斯基于其领先的技术，在服务机器人领域一骑绝尘。区别于科沃斯的机器人黑科技，添可是小家电白科技；区别于科沃斯的"更加自动化"，添可追求的是"有温度的人机互动"——通过人的参与和科技的助力，提高家务劳动、个人护理的效率，满足消费者的参与感、掌控感，帮助消费者在轻松的家务中找到自己的获得感和成就感，拉满"自我效能"。

添可主张的是"生活白科技,居家小确幸",让人借力智能家电为自己服务。"白科技"体现在添可不强调技术的艰涩、深邃,而是引导用户关注其产品的使用效果;"小确幸"体现在添可致力于将技术转化为消费者看得见的清洁、呼吸得到的清新、触摸得到的柔顺、品尝得到的美味,用智能技术去满足消费者对精致生活的追求,让消费者在美好的感官体验中感受到心流。

(二)"重在参与"背后的小心机

以地面清洁为例,区别于科沃斯的智能规划和自动清洁,添可的飘万和芙万均需人工手持操作,由人来进行居家清洁规划,如清洁什么地方、采用智能清洁还是高低档清洁等,把选择权交还给用户。

对于扫地机器人用户所担心的不知道扫没扫干净,在飘万和芙万的显示屏上均有智能红蓝环设计,以实时识别地面的脏污程度,红色为脏污状态、蓝色为洁净状态,在清洁过程中,光环的红蓝比例会随着地面的清洁效果而实时变化,让洁净看得见。实时的清洁结果反馈,让用户的成就感满满。

区别于传统无线吸尘器在使用过程中没电的尴尬,在飘万和芙万的显示屏上均有实时电量显示,以便用户知晓存续电量,进行提前规划,无须因"戛然而止"而失落,也不会因为计划清洁无法完成而焦躁。

清水桶和污水桶的透明设计,让消费者在清洁的同时看到清水、污水的变化,在清洁的过程中,可以看到水的"跃动",看着清水逐步转化为污水,就好像地面的脏污都被吸纳于小小的方寸之间。

洗地机用后的清洁问题长期困扰着用户,发丝缠绕、刷头的清洗、污水桶换洗,这些脏活、累活往往让消费者望而却步。芙万作为"会思考的洗地机",把这些让用户头疼的环节留给了自己。当用户使用完毕将芙万放回充电座后,芙万会自动检测脏污度,并根据检测结果匹配不同的自清洁模式,待清洁完毕后再提示用户进行尘桶倒水。最新的芙万 Station 配有"八合一"空间站,通过上下水设计,做到了不倒污水不脏手,进一步解放了用户的双手。

食万智能料理机或许是添可系列产品中下一个现象级产品。目前,国内炒菜机器人市场仍处于发展初期,若产品体验持续改善,临界点潜在市场规模有望达到千亿元,而添可无疑是该赛道的头部企业[①]。

2022 年 3 月,添可发布食万 3.0,实现智能投料、智能自清洁、可视化菜谱立体交互。同年 9 月,添可发布升级版料理机食万 3.0Pro,使数字化与中餐文化结合,升级 5 个料盒为 8 个料盒,贴合中餐烹饪调味,联动饮万实现自动加水,进一步解放双手。区别于食万 1.0 用户称量、用户投料,食万 3.0 和

[①] 国海证券.家电行业 2023 年策略报告:政策及成本费用端双重利好,新赛道+新产品+新市场三大内生增量助力发展[R].2022-12-08.

第二章
消费新时代的用户洞察

食万 3.0Pro 实现了智能投料,有效地规避烹饪小白的手抖,与此同时,食万保留了烹饪过程的"全过程报告进度",让用户知道烹饪进度,以满足用户的好奇心和掌控欲。区别于美善品的深锅设计,食万的锅具更浅,透明锅盖方便用户随时观察锅内的烹饪动态,观察食物变化,享受烹饪乐趣。

经过两年的发展,食万系列形成了食万智能料理机、食万净菜和添可生活 APP 生态体系。在该体系下,食万不仅仅帮助用户解决了不会做菜、做不好菜的困扰,还帮助用户解决了不知道吃什么、炒菜 3 分钟备菜半小时、吃饭 10 分钟刷锅一刻钟的困扰,帮助用户重拾了在家吃饭的幸福感。在食万净菜供应链的加持下,食万用户无须备菜,一撕一倒,就能快速地开启烹饪。在添可生活 APP 上,烹饪小白可以选择新手模式/跟做模式,跟着 APP 指导,一步步地进行操作,进而体验烹饪的乐趣。此外,用户还可以在"饭单模式"下创建个性化饭单,安排自己的美食生活。美食大拿则可以在食万上进行用户创作,记录自己的烹饪过程,生成个性化菜谱,进行上传分享,让更多人品鉴自己的手艺。

正如钱东奇所强调的,"添可所有产品,不管是洗地机、智能料理机还是其他产品,都是和人有强的交互关系""添可需要把产品做到对人更加友好、跟人的距离更加小"。例如,添可基于亚洲女性的特点推出轻量化的飘万 Lite 和芙万 Slim,根据中国人的烹饪习惯,增加食万的调料盒数量,从 5 盒调整为 8 盒。"添可的产品并没有去改变消费者的生活习惯,而是把他们原有的生活习惯复刻过来之后变得简单、品质更高、耗时更短、体验更好。"

(三)"重在参与"创造的"小确幸"

回顾添可最主要的两大产品芙万和食万,可以看到添可在产品设计中非常注重保留有趣、有价值的环节,让用户可以参与和探索,如手持吸尘器和持续更新的菜谱;尽可能地保持设备运行的透明化,让一切可知,以满足消费者的掌控欲,进而感到安全、可信赖,如屏显、智能语音提示、APP记录查询;匠心于智能技术的研发,来提升家务劳动的效率和保障结果的正向性,让用户对结果满意,进而产生获得感和成就感,如看到智能红蓝环渐进式地由红变蓝,在家挑战高难度大菜、品尝到大厨出品,用户可以通过自己的高效劳动,改善居家生活环境,让生活变得更加有品质。与此同时,添可又尽量剔除工具使用过程中令人厌烦和困扰的部分,如洗地机滚刷的清洁,频繁地加水和污水桶的清污,突然的没电,以及使用料理机前的洗切配,使用过程中的人工称量、投料和使用完后的刷锅等。

> **管理探析**
>
> 添可产品满足了用户对探索感、掌控感、获得感和成就感的心理需求,而探索、掌控、获得和成就均指向幸福感的提升,添可智能家电让用户在传统烦琐、细碎家务中拥有了简单、易得的"小确幸"。

探索感源于人类的好奇心,是人类的本性。脑科学研究证明,探索会刺激多巴胺的分泌,进而让人产生愉悦的感觉。

心理学家阿尔弗雷德·阿德勒(Alfred Adler)认为,追求掌控感是人的本能。掌控感是个体相信自己能够决定自己内在的状态和外在的行为,能够影响周围环境以及实现预期结果的信念。研究表明,掌控感有助于缓解压力,提高心理弹性和生活满意度,促进主观幸福感的提升。

获得感和成就感是一种基于结果的满足。当用户使用添可产品完成家居清洁时,对清洁的结果感到满意,认可自我的付出,并为自己的有所作为而感到愉快。

三、创新认知价值:添可品牌的智造基因

(一)创新认知价值对添可用户重要的原因

添可的主要目标客群为都市精致生活探索者,他们生活在都市,往往有良好的教育背景和较好的经济条件,对生活品质有较高的要求。

在都市消费场景中,针对家居清洁、个人护理、美食餐饮等消费需求,已有大量的产品和服务可以满足基本的功能性需求。此外,智能小家电的使用场景多限于居家环境,并不像

用户价值创新：
添可如何在红海中开创蓝海

穿戴的奢侈品、驾驶的豪华车那样外显，对于提升社会地位、塑造社会形象的作用较为有限，使用智能小家电的需求更为内隐。

对于都市精致生活探索者而言，丰富的消费经验让他们在消费中更加理性和挑剔，难以轻易被打动。但与此同时，作为探索者，他们始终对外部保持敏锐的好奇心，对智能技术抱有一定的开放度和探索意愿，愿意尝新，也正是因为这样，在选择家居清洁类家电时，他们愿意购买芙万智能洗地机等创新性产品；在居家个护场景下，愿意尝试摩万智能吹护机；在购置厨房家电时，愿意把食万智能料理机带回家，从而为生活添加无限的可能。

（二）添可如何创新认知价值

如前所述，添可提升了消费者使用产品过程中的探索感、掌控感、获得感和成就感，因此也就创造了认知价值。

就探索感而言，添可创造了诸多"第一"，用新技术、新产品来解决用户的老问题、老痛点，先竞品一步建立新标准，先用户一步激发其需求，始终保持"短、平、快"的技术更新，进行产品迭代。例如，每年甚至每半年发布新产品，带来看得见的新改变，来确保对市场的引领，对用户的引导。

2019年，添可发布了全球首台会思考的智能吸尘器飘万。

在飘万产品上，添可有诸多技术和设计创新。飘万首创智能清洁，通过实时探测吸入灰尘量，来感知当前清扫地面的

第二章
消费新时代的用户洞察

脏污程度;通过处理器算法运算,实现吸入功率的即时无级调整,以达到吸入效率与机器续航的完美平衡。

就恼人的吸尘器噪声问题,添可实验室通过对吸尘器噪声波段分析,发现普通吸尘器使用一段时间后,由于滤芯和风道清洁度恶化而导致工作噪声显著上升,基于此,飘万引入了智能恒定净吸科技,在设计中考虑履新和风道清洁度的可维护性,使得飘万即使长久使用,也可以做到吸力不衰减,吸尘噪声不上升,让清洁过程更加安静、令人愉悦。

为了让家居清洁变得更加有趣,飘万增设了手机支架、智能蓝牙附件和APP娱乐模式等人性化设计,使得用户可以边清洁边看剧,做到劳动和娱乐两不误。

好的设计要让人赏心悦目,飘万过硬的颜值也让添可和用户引以为傲,让飘万不仅仅是一款清洁工具,还是一件家居装饰品。

其实早在2016年,泰怡凯就首创了无线地面清洗机CL1509。2020年,添可将智能技术应用于无线洗地机,发布了首台会思考的洗地机芙万1.0,填补了行业智能产品的空白。

芙万集吸尘、拖地、清洗拖把于一体,带有智能变频清洗技术,能够智能识别地面脏污,自动调节清洁强度,快速吸除污水,干净不留渍;活水清洗系统可以实时地向滚刷均匀喷水,清污分离系统,能够做到洁净无污染,避免传统拖把越拖越脏的困扰;一键自清洁能够智能感应产品的脏污状态,主动语音提醒,结束工作回到机座的时候,可以基于智能脏污状态的感应结果选择合适的清洁程序,对滚刷和内部管道进行清洁,时刻保持机器处于干净状态,避免脏污、异味。为满足用户的消毒杀菌需求,同时考虑到化学消毒液对人体和环境的有害性,芙万还率先引入了电解水除菌技术。

添可的领先一步不仅仅体现在清洁领域。2021年,添可发布食万1.0,此后又领先行业一步,从生态体系的高度构建了食万净菜、食万智能料理机、添可生活APP新体系,成立数字美味研究院,推进中餐标准化,为厨房小白提供了在家探索大厨出品的可能,帮助用户找到另一个自己。

就掌控感而言,作为智能小家电,添可始终保留了人的参与权,在产品设计中坚持极简操作,以拉近智能技术和用户的距离,通过屏显、语音提示、APP等工具,帮助用户实时掌握设备的运行情况。

早在2019年的飘万上,添可就设计了LED屏显和APP智能互联。

传统的吸尘器使用单向用户交互,用户无法实时掌控吸尘器的工作状态,飘万创新性地搭载LED显示屏,设计有智能红蓝环,基于对地面洁净程度的感测出现极富科技感红蓝渐变颜色变化,让清洁效果一目了然。在LED显示屏上还有多个设备状态图表,例如,电池图标可以显示实时的电量百分比,避免突然没电的尴尬;地刷堵转显示图标可以提示地刷是否有堵塞问题(见图2.1)。

第二章
消费新时代的用户洞察

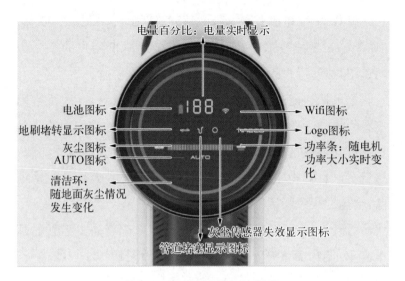

图 2.1 添可飘万的 LED 屏显

飘万搭载了添可 APP 平台，可以帮助消费者轻松记录设备状态和清扫进度，形成设备和清扫日志，让消费者随时掌握设备状态，规划自己的清扫时间和清扫周期。

在芙万上，添可在原来 LED 屏显和 APP 平台外还增加了智能语音提示功能。在使用时，用户无须主动观察，通过听觉就能获取设备信息，如低电量提醒、清水桶缺水、污水桶满等。

芙万所具有的 LED 屏显、智能语音提示和 APP 等"透明化"设计也应用在食万上，用户可以基于以上三大功能来实时掌控烹饪进度，及时配合进行投料等简单操作。此外，食万还设计了"补炊"功能，在标准化外留给了用户个性化的空间。

63

用户价值创新：
添可如何在红海中开创蓝海

就获得感和成就感而言，添可倡导"Live Easy. Enjoy Life"，通过智能技术的辅助，可以有效地降低用户的家务劳动负担，提升用户的幸福感。

添可把扫拖过程中最恼人的清污工作留给自己，留给用户看得见的干净，让用户在"遛芙万、享洁净"的过程中感受轻松和成就，收获生活的小幸福。有个用户说："地面光亮如新，感觉自己也获得了新生，整个人就很放松，不然家里一塌糊涂，会感觉很焦躁。"

《孟子·告子上》曰："食色，性也。"人都有品尝美食的基本需求，制作美食则不是人人都会，食万是厨房小白的福音，智能投味、智能翻炒和智能温控有效地复现大厨调味、翻炒手法、火候控制，完美复制大厨手艺，让众多厨房小白有了探索的勇气和摸着石头过河的倚仗，让烹饪更简单，再也不怕翻车了。

食万不仅提供净菜、菜谱，还为用户提供了展示厨艺和生活态度的平台。

在添可生活 APP 中，当不知道吃什么的时候，用户可以浏览"食万美味排行榜"找灵感，近 1 000 道美食能够满足大部分的日常所需，其中也不乏一些高难度的菜品，如糖醋小排、干炒牛河、菠萝咕咾肉等大厨出品。如果用户不想自己折腾买菜、洗菜、切菜，可以直接下单食万净菜，食万净菜的每一餐均有营养成分明细，还有利于健康饮食。此外，用户也可以对既有的菜谱进行评价，以供他人参考，餐饮大拿或者小白挑战者可以自创菜谱并上传与其他用户进行互动分享,他人的认同点赞是用户持续为社群贡献的主要动力。

添可生活 APP 的社区栏目不仅仅有烹饪频道,还有美妆和清洁社群,添可用户可以在社区中就其添可产品的使用体验和经验进行分享互动,寻找同频共振者。

添可基于技术的厚积和对人的关切打造了一个智能家居新生态,在这个生态中,技术隐于背后、极简操作、温情互动有效地助力用户减轻家务劳动的负担,享受简单、轻松劳动带来的成就感和幸福感,让自己成为更好的自己、更快乐的自己。

第三章
用户价值探索：模创战略

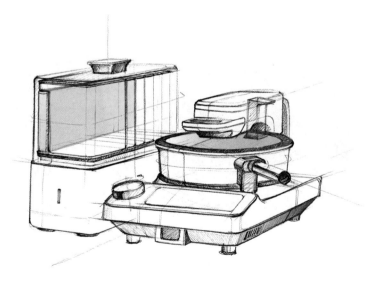

扫码观看视频课堂

扫码观看视频课堂

添可品牌的创新基因源自科沃斯品牌的成功实践。科沃斯在转型过程中投身于自主研发产品和技术,把创新意识贯穿企业经营的全部环节,形成了研发导向的企业创新文化,最终成为中国智能家电行业的领军品牌。

添可品牌的创新建立在对目标人群核心需要的精准把握基础上,通过感测用户价值并管理用户需要等一系列行动来实现。

随着智能化时代的到来,添可面临着多方面的外部挑战,而实现竞争突围主要依赖两大举措:一是技术创新和产品的持续升级;二是对市场需求和用户价值的准确洞察。

一、科沃斯的经验:从模仿到创新

科沃斯品牌的创新基因可以追溯到品牌创立之初,它的创新之路走过了模仿式创新、混合式创新和自主创新三个阶段。在每一个阶段,科沃斯公司都创造和形成了自己的学习方式。科沃斯自品牌创始之初便注重技术创新与产品研发,创始人钱东奇把代工生产时积累的资金投入到技术的攻关中,使科沃斯逐渐摆脱代加工的经营模式,投身于自主研发产品和技术的转型之路,很快完成了由低端制造向高端智造的发展蜕变。

(一)模仿式创新与主动式学习

1998年,钱东奇看到了欧美国家吸尘器的强劲需求,于是创立了泰怡凯(TEK)电器(苏州)有限公司,开始从事吸尘器代工业务。但与其他同行不同的是,钱东奇对代加工的生产有着更为严苛的要求。在产品投入量产前,必须通过一系列测试,包括吸尘效率、噪声指数常规指标,以及CE(欧盟安全认证)、RoHS(欧盟强制性标准认证)、EMC(欧盟电磁兼容性认证)、FCC(美国电磁兼容性认证)、CPSC(美国消费品安全委员会认证)等一系列标准认证。正是这种敬业态度,使泰怡凯赢得了飞利浦、松下、伊莱克斯等越来越多知名品牌的认可①。这也为其之后的独立技术创新和产品升级积累了资金和技术。

在该时期,许多中国企业仍处于产业链低端的贴牌代工阶段,主要依赖廉价的、具有一定技能水平的劳动力和国家外向型的经济政策等资源,靠制造能力获得相应的收入。由于

---

① 王璐.科沃斯:"扫"出一条开拓之路[J].机器人产业,2016(1):90-96.

第三章
用户价值探索：模创战略

缺少技术、品牌的优势，难以为企业创造更多的价值。随着我国劳动力和其他生产资料成本的上涨，东南亚替代者的兴起，一向靠OEM生存的企业难免陷入"缺乏差异化竞争优势→利润下滑→没有足够的资源投入到技术和品牌→难以构建差异化竞争优势→利润进一步下滑"的恶性循环中。认清这个症结后，钱东奇组建了技术攻关小组，利用企业从事代工业务时积累的资金，对家电行业的代表性技术进行集中攻关，目标明确地开展一系列研究开发活动，破解了行业领先者的多项产品专利，并通过吸收和消化过程，形成一系列自己的专利技术。科沃斯作为一家技术驱动的公司因此而植入了创新基因。

在公司创业的早期阶段，科沃斯主要是通过主动学习，对标行业领先企业的产品和技术，运用反向工程方法开发出具有自主知识产权的多级旋风吸尘器，并成功地导入市场。科沃斯集团总经理庄建华表示："2005年，公司花费3年时间自主研发了多级旋风吸尘器，多级旋风吸尘器不需集尘袋或过滤器，能使灰尘与气流完全分离，是全球最受欢迎的真空吸尘器。科沃斯为品牌商贴牌生产的多级旋风吸尘器出口德国后，很快遭遇了来自戴森的专利诉讼。但科沃斯有备无患，花费40多天，整理了上千份专利资料，帮助品牌商一举赢得了诉讼。"[1]这就

---

[1] 刘铮铮.添可简史：一场持续21年的科技长征[J].电器，2019(8)：62-64.

是主动式学习的价值体现。

反向工程是模仿式创新的一种重要表现形式。它通过对市场上已有的新产品进行测量、模拟和仿真,以获得产品的设计参数、结构和设计原理,进而寻求和发现设计中存在的问题和缺陷,并在原有产品的基础上进行改进和创新。反向工程可以分为技术的模仿过程、技术的创新过程两个阶段。技术的模仿过程是指研究行业内的标杆企业产品或工艺过程,从中获取相关技术,并进行技术的复制和产品的生产;技术的创新过程是指在上一阶段的基础上,研究行业内的标杆企业产品或工艺过程的矛盾和不足,进一步改进和再创新,从而实现产品的升级①。技术的创新是反向工程的目的,通过这种模仿创新,企业能够逐步培养起独立的技术创造能力,进而推进企业自身的技术创新和产品升级(见图3.1)②。

图 3.1 反向工程过程

资料来源:张雄林,和金生,王会良.反向工程与技术模仿创新[J].科学管理研究,2008(2):35-38.

---

① 张雄林,和金生,王会良.反向工程与技术模仿创新[J].科学管理研究,2008(2):35-38.
② 孙金云.新兴市场企业的"模仿式创新"路径及机理研究[D].复旦大学,2012.

第三章
用户价值探索：模创战略

大多数中国企业的技术创新和产品升级战略的起点是模仿式创新。模仿式创新(innovative imitation)最早是由《哈佛商业评论》主编莱维特(Theodore Levitt)在其1966年发表的文章《创造性模仿》中提出的，他认为模仿远比创新要更加普遍。模仿的过程更重要地表现为对原技术的改进和提高的再创新的过程①。

模仿式创新与"山寨"不同，它是一种广泛应用于全球多个领域的战略策略，强调企业从复制、吸收到改进的整个学习过程。最终提供的产品或服务，绝不是领先产品的简单复制，而是有可能具有更低的价格、更加丰富的产品性能、更加灵活广泛的销售渠道等领先于被模仿企业的竞争优势②。

由于模仿式创新的成本要远低于原始创新，它缩小了追随者与领先者之间的差距，减少了研发风险和不确定性，因此是后发经济体的企业与先发经济体强势品牌竞争的有效手段。模仿式创新不仅包括单纯地模仿市场领先者的产品和品牌，也包括模仿它们的管理方法、组织运行模式、市场进入策略和投资决策时机等企业经营手法。与违法的抄袭和复制不同，模仿式创新因为所处的发展阶段和特征不一致，中国企业

---

① 张雄林,和金生,王会良.反向工程与技术模仿创新[J].科学管理研究,2008(2)：35-38.

② 陆雄文,孙金云.企业的核心能力与模仿式创新路径——新兴国家的视角[J].经济理论与经济管理,2011(4)：64-71.

和发达国家跨国公司的技术创新和产品升级的方式存在着本质差异。发达国家的跨国公司拥有世界最高水平的技术和人才储备,能够独立地进行技术创新和产品升级。相比之下,中国企业的技术水平低于发达国家的跨国公司,产品附加值也低,因此更加便捷、高效的方法是学习跨国公司已有的成熟技术,通过引进吸收、产品模仿和自主创新,建立起自身的创新体系。

作为中国智能家电和家用服务机器人方面的领军企业,科沃斯从代工起步,到后来进入飞利浦、松下和伊莱克斯等国际知名企业的核心供应圈,逐步积累资金和核心技术,创立自主品牌,并走向国际市场。科沃斯企业数十年的发展过程,正是从模仿式创新开始,逐步走向了自主创新,它的成长轨迹也成为中国本土制造业发展的缩影。

(二)混合式创新与合作式学习

科沃斯自主研发产品和技术的转型之路的第二个阶段是混合式创新。此时期的科沃斯正逐步摆脱代加工的经营模式,在主动学习和模仿领先企业产品的基础上,加大了自主创新的投入,以技术为基础创立自己的品牌,并持续不断地推动企业向自主创新型企业转变。

信息化和智能化时代的来临,技术创新的投入越来越大,而结果的不确定性也越来越高。一些企业开始尝试建立技术联盟(technology alliance)。技术联盟是指两个或两个以上具

第三章
用户价值探索：模创战略

有独立法人地位的企业联合致力于某一技术或产品的研发的行为,其目的是为适应技术快速发展和市场竞争需要而产生的优势互补或强强联合。随着经济全球化,企业因为竞争需要,纷纷组建技术联盟,旨在实现技术资源互补,减少单个企业的开发风险及投入成本,促进技术创新成果的商业化成功,从而在竞争中处于有利地位①。

2020年5月18日,科沃斯发布公告称与美国上市公司iRobot达成合作,签署产品采购协议和技术授权协议。科沃斯与iRobot公司之间有互补性的竞争优势,双方的合作有望创造一个共赢的结果。iRobot公司创立于1990年,是一家设计并销售以扫地机器人为主要产品的全球领先的家用服务机器人公司。它是目前美国机器人产业发展最为成功的企业,也是纳斯达克机器人第一股,无论从技术水平、从业历史还是从产业化程度来看,iRobot都是全球服务机器人发展的领军企业。目前,iRobot的产品已经销售到全球50多个国家和地区,是全球公认的家用服务机器人专业品牌之一,其家用服务机器人销量超过3 500万台,并在军用机器人、航空机器人、医疗机器人和教育机器人等领域都形成了丰富的产品体系②。

---

① 郭军灵.技术联盟中合作伙伴的选择研究[J].科研管理,2003(6):109-113.

② 王迎春,沈应龙.先行者:iRobot的成就与经验[J].世界科学,2014(8):23-25.

技术联盟的促成不仅因为科沃斯与 iRobot 公司都采用以创新和技术研发为导向的经营战略,而且在于双方之间有互补性的企业资产。

科沃斯品牌从 OEM 时期开始就专注于家电产品的生产,有丰富的生产经验和完整的产品生产线,也有较高的生产效率和完善的质量保障体系。因此在协议中,iRobot 公司将根据约定向科沃斯支付一定的前期开发费用和生产费用,向科沃斯独家采购指定的扫拖一体型扫地机器人产品,并以其自有品牌在双方约定的地域市场进行销售。

自 2016 年起,iRobot 公司的营收尽管仍保持增长,但增速已经明显放缓。扫地机器人品类线上渠道零售量和零售额的数据显示,2020 年,科沃斯以 43.8% 的份额占据几乎半壁江山,而 iRobot 公司仅以 3.3% 的份额排在第六位[1]。因此,技术联盟也能够为 iRobot 公司提供更广阔的销售渠道。

iRobot 公司具有超强的技术研发能力。截至 2020 年年底,iRobot 在全球拥有超过 1 500 项专利,其研发的投入占总营收的比例一直维持在 11%—13%。iRobot 公司独有的 Aeroforce 技术是 iRobot 扫地机器人清洁硬件的核心应用技术之一,可以有效地避免刷头清洁过程中与毛发缠绕在一起,配合 AeroForce Extractors 气流加速和真空吸力提升清洁效

---

[1] 中国家电网.中国市场仅剩不足 3% 份额 iRobot 哪里出了问题?[EB/OL].(2021-07-14)[2023-01-13].https://baijiahao.baidu.com/s?id=1705253521296194192&wfr=spider&for=pc.

率,弥补了无毛刷清洁的问题。基于双方的合作协议,iRobot公司将向科沃斯授权其 Aeroforce 相关知识产权及专利技术,并授权公司在协议约定的市场内将相关技术应用于科沃斯品牌的扫地机器人产品①。这项技术将有效地提升科沃斯在清洁核心功能上的技术水平,从而让科沃斯可以进一步提升其在 AI(人工智能)、IoT(物联网)、5G(第五代通信技术)等尖端技术上的研发优势②,推动科沃斯发力高端智造领域。

(三) 自主式创新与战略式学习

科沃斯走过模仿式创新和混合式创新阶段后,迅速转向自主式创新来促进企业核心能力的形成和提高。这种以构建核心能力为目标的战略式学习,让钱东奇二次创业的添可品牌能迅速开辟智能家电的蓝海市场。

2007 年,基于前期智能家用服务机器人技术的深厚积累,科沃斯开发出扫地机器人 5 系,推向市场试销。2008 年,科沃斯开发出地面清洁机器人 7 系。2009 年,产品推向市场,命名为地宝(Deebot)。随着产品线的丰富,科沃斯正式成立了机器人项目管理部,统筹项目进展和技术研发等工作。

---

① 王星.科沃斯与 iRobot 是强强联合还是无奈之举?[EB/OL].企业观察报,(2020-06-11)[2023-01-13].https://tech.sina.com.cn/roll/2020-06-11/doc-iircuyvi7904380.shtml.

② 李志刚.科沃斯与 iRobot 达成合作,股价涨停的背后存在不确定性[J].电器,2020(6):52-53.

这标志着家用服务机器人业务已成为公司战略性产品,科沃斯真正实现了从"中国制造"到"中国智造"的华丽转身①。

2015年推出的地宝9系意味着科沃斯构建了真正意义上的技术壁垒,从而确立了其产业竞争优势。地宝9系的Smart Navi技术采用了LDS激光雷达技术,搭载SLAM(即时定位与地图构建)算法,能够精准地绘制房间地图,实现智能化清洁。在Smart Navi技术平台下,地宝9系已经具备感知、思考、行动、反馈的基本逻辑过程②。

科沃斯对家用服务机器人发展路径的认知是"从'工具'到'管家'到'伴侣'"③。作为扫地机器人品类的佼佼者,科沃斯从1998年成立至今,先后带动了国内激光导航、多功能基站等多次技术变革,不仅引领着扫地机器人行业的发展,也推动着产品不断挑战技术巅峰,从而迈向高端化④。

技术创新和产品升级是一种组织学习的过程,有利于核心能力的积累和提高。作为行业头部机器人企业,科沃斯正在以其底层深厚的技术能力,带领同行企业迈向真实的"人机协同"社会⑤。

---

① 王璐.科沃斯:"扫"出一条开拓之路[J].机器人产业,2016(1):90-96.
② 同上.
③ 李志刚.从工具到管家,科沃斯新格局浮现[J].电器,2016(6):51.
④ 澎湃新闻.探索生活、生产、生态共生之路,科沃斯以"全场景"突围[EB/OL].(2022-10-31)[2023-01-13].https://www.thepaper.cn/newsDetail_forward_20528623.
⑤ 同上.

二、添可的实验：基于用户核心需要的价值创新

在传统的家电产品中，消费者与家电机器之间是单向的使用与被使用的关系，大部分家电产品仅能满足消费者的部分功能需求。消费者对产品功能的认知来自阅读产品说明书上的文字，进而操纵使用家电机器。但说明书对于消费者而言并不友好，密集的文字和复杂的解释使产品传递的用户价值被大打折扣，在解决产品问题时效率低下。因此，添可在用户体验设计中更希望用户不看说明书就会使用电器，甚至抛弃了传统的产品说明书形式。

添可品牌的出发点是要做智能化小家电，贴近消费者的生活，通过人机协同工作，充分释放产品价值，在产品被使用的过程中满足消费者多方面的消费价值需求，如满足好奇心、新鲜感和对新知的追求，或提供愉悦感、成就感等情感价值。

（一）添可品牌的目标人群

在钱东奇看来，科沃斯品牌主打无人化场景智能服务，添可主打智能人性化交互，从而形成了双品牌互补和协同的优势。它们的用户群体和潜在客群也存在着较大差异。科沃斯更倾向于服务"懒人经济"，强调机器的工具性，用机器人来代替人的工作；添可的诞生并不是为了解决机器人的问题，而是要尽可能地做到把人的想法通过机器更省力地实现。它更偏

向精致人群,注重消费者的体验,强调的是"生活白科技、居家小确幸",用最人性化的方法解决生活中的难题。白科技是指不对技术进行炫耀式展现,而是将技术隐藏在功能之后,关注消费者生活的细微需求,让人们在生活中感受到确实的幸福。

添可品牌对目标用户的画像是新中产群体,具有年轻、精英、家庭三个特征。他们喜欢新鲜事物,同时对生活品质有追求,对健康、环境、生活有着清晰的认知和规划。他们既理性又感性,对智能技术及其效能保持着敏感性和学习性,同时又关爱家庭、注重家人健康和生活品质。添可的主力用户主要以"90后"和"00后"的活跃青年为主,他们受过高等教育,刚踏入社会,且收入高于同龄人;他们的职业身份主要是精英白领;他们的心理需求是通过自身努力追求事业成就;他们的行为方式是热衷运动、关注饮食、健康、环境,偏好低碳生活;一些成立家庭的精致生活人群会更加关注家人的健康和生活品质,对生活细节有更高的追求[①]。

(二)添可如何洞察用户的核心价值

"在消费升级中的大背景下,广大人民群众有了更高品质的生活和更好的服务体验的需求,也给了我们去挖掘新的使用场景、创造新的消费需求,开拓全新品类、全新产品的机

---

① 杨敏,何吾佳.传统到智能的创新性体验设计——添可智能吸尘器新交互解析[J].工业设计研究,2019:343-348.

第三章
用户价值探索：模创战略

会。"添可 CEO 冷泠如此洞察："一个品牌要想得到真正的发展、增强用户黏性，一定需要持续不断地创新，以客户为中心，并且关注人们最核心的痛点和需求。"①

2019 年 3 月，钱东奇在添可的首次发布会上提出，添可的品牌定位是用现代的智能科技、互联网科技、物联网科技，和创新的方法，在家电行业的红海中创造出一片蓝海。

复旦大学管理学院芮明杰教授在 1999 年就提出了全新的产业领先的概念。他认为，消费者都有一种消费需求的本能欲望，但是人们有时并不知道他们自己真正想要什么，因此，企业如果能够把握人类的基本需求欲望，开拓人类的未来需求，有需求也就存在产业，企业就可以开创一个新兴产业，从而处于产业演化更迭体系中领先者的地位，尽量把握新兴产业在成长过程中给企业带来的无穷收益②。

潜在的用户需要是支撑新产品立足的关键因素。钱东奇认为，智能家电市场并不太倚靠消费者调查，因为智能家电行业中需要挖掘的是消费者的潜在需要，而这无法通过消费者调研来作出精准的、具有前瞻性的市场洞察。这意味着生产商要比用户更懂得用户，才能让价值创造超越用户的期望。

---

① 董琳.收入剧增 817%！添可的"小确幸"暴露了科沃斯的"大野心"[EB/OL].(2021-09-11)[2023-01-13].http://stock.hexun.com/2021-09-01/204285909.html,2021-09-11.

② 芮明杰,余光胜.产业致胜——产业视角的企业战略[M].杭州：浙江人民出版社,1999.

用户价值创新：
添可如何在红海中开创蓝海

而消费者的反馈应当放在产品设计和发布之后，通过用户对产品的评价去调整产品，在与消费者需求的动态磨合过程中，逐渐响应市场。

比如在 TEK A10 吸尘器发布后，添可结合市场调研以及焦点小组座谈得到的数据，了解到使用方便及吸得干净是用户对吸尘器最主要的需求，吸得干净由吸力控制，跟技术水平相关，目前的添可产品的吸力基本上可以满足用户需要。但对消费者体验进行的调研，却发现存在以下痛点：用户无法感知清洁度；用户不知道滤芯取出方式；快速指南位置不明确等。基于用户的反馈，设计团队增加了灰尘检测器、滤芯取出方式说明，并且重新排布包装方式等，力求在使用方便方面进行设计优化，提升用户的使用体验，并对机器状态的显示做了一些创新设计，增强了机器与用户的交互感，对机器的操作方法也会做更加人性化的设计。这种基于聆听用户反馈的产品优化，是用户价值导向的有效实践。

对添可来说，创新的第一步总是来自对用户需求的洞察。设计团队从用户行为习惯和心智两方面入手，探究用户潜在的需求和设计痛点，并发现中国消费者在清洁过程中主要分为两步骤：吸尘和拖地。在消费需求界定后，添可最早的发力点与戴森类似，第一个投入市场的产品是飘万——会思考的智能吸尘器，产品本身有亮点，但市场表现不太理想。因为用户心智已经被强大的竞品品牌占据。

为此，添可在研究消费者核心需要的基础上，转变了研发

第三章
用户价值探索：模创战略

的着力点，针对新中产群体，抓住了消费者的另一个痛点：消费者在地面清洁时有着双重需求，吸尘器主要处理的是地面上的灰尘，但绝大部分消费者在吸尘后还要进行拖地，还需要多次清洗拖把。因此，吸尘器使用后的拖地需求便成为消费者更显著的痛点。

基于这一洞察，添可团队把吸尘、拖地和自清洁的功能整合成为一个产品，这就是芙万智能洗地机的创意。当时，洗地机领域尚处于探索阶段，这为添可新物种洗地机的市场切入提供了现实基础。在找准定位后，工业设计师整合优化用户在服务情境中与"物""事"之间的接触点，切实满足了用户的核心需要，那就是整洁干净的家居环境，而不是洗地机本身。

2020年，添可首发第一台智能洗地机，创造性地改变了中国乃至全球家庭的地面清洁习惯，添可产品的销售量开始呈现爆发式增长，当年实现销售收入12.59亿元，较上年增长了361.64%。也就是从那一年开始，消费者有了"芙万=洗地机"的品牌认知。

添可品牌总监徐开松总结了洗地机市场爆发的四个原因：第一，洗地这一消费痛点一直存在，是添可最早激发了消费者的需求；第二，添可在技术和产品上的积累和开发，让产品更容易成功；第三，合适的营销时机、营销氛围及方式，把好的产品、体验、场景快速传达至消费端，引起了消费者共鸣；第四，在消费升级的环境下，疫情对人们健康意识的提升以及人们对美好居家生活的向往，让更多消费者发现并认可了洗地机的存在意义①。

一个产业的兴起从根本上说是因为它满足了用户的需求或者潜在需求,不重视用户需求的企业不可能获得持久的竞争优势。钱东奇说:"好的创新一定是技术和人性的完美结合,了解技术的原理,了解人性的弱点,用技术来弥补这些弱点,这才是有价值的创新,有市场需求的创新。"这正是钱东奇一以贯之的产品理念。

(三) 添可如何感测用户价值并管理用户需求

菲利普·科特勒在《营销管理》一书中提到,市场营销管理的实质是需求管理,这意味着企业需要主动地将产品或服务的价值和特定的用户需求匹配起来,而非一味地迎合或激发用户不切实际的心理需求。企业需要通过引导的方式使用户感知到当前的产品或服务的价值,并通过产品或服务的价值定位来匹配不同用户的需求。

用户是需求的主动方,企业在营销管理的过程中要变被动为主动,就需要分析需求,充分了解用户,强调企业和用户的沟通,引导用户的最终消费。

2016年11月18日,泰怡凯(TEK)运营团队召开工作总结和品牌探讨会,日后这次会议被称为TEK的"遵义会议"。

---

① 张媛珍.爆火之后,洗地机行业的"千亿生意"牌该怎么打?[J].电器,2021(11):39-41.

第三章
用户价值探索：模创战略

这次会议提出，随着电池和电机技术的成熟，无线吸尘器的市场份额会越来越大。TEK品牌应该再出发，从科沃斯品牌的羽翼下完全走出，专注无线吸尘器产品，要做"无线梦想家"。2017年，TEK连续发布多款无线吸尘器产品，不断迭代升级，聚焦中端、兼顾高端的产品定位，填补了市场空白，消费者反响热烈。2018年，在"无线"这个赛道之外，添可开始探索"智能"这一新赛道。无线化是吸尘器的趋势，智能化是吸尘器的大趋势，将"无线"与"智能"结合，或许可以杀出一条血路[①]。

继添可2020年发布芙万智能洗地机产品爆卖后，2021年，添可持续对产品进行升级，在优质赛道上做好的产品打动消费者，对产品的核心技术进行迭代升级，推出芙万2.0和芙万Slim。2022年，持续迭代芙万3.0，产品搭载了恒压活水清洁系统，拥有智能双驱助力、40分钟水电双续航等更注重实际使用体验的技术创新。

回头去看，市场绩效验证了洗地机品类正是添可品牌的制胜法宝。钱东奇在访谈中提到："一个创新品类，它有一个隧道期，这个隧道期对于科沃斯来说走了将近4年。可是添可基本上就没有走，它就爆掉了。"

添可探索了一条全新的道路：中国本土品牌也可以做中高端的定位，也能够依托卓越的产品成功地走向国际市场。

---

① 刘铮铮.添可简史：一场持续21年的科技长征[J].电器,2019(8)：62-64.

品牌或有新旧之分,而拥有创新力的品牌永远年轻,这就是添可。

三、创新引领需求:智能化时代添可如何实现竞争突围?

当前,全球经济增长驶入平缓期,亟须创新驱动新一轮产业革命。党的二十大报告提出要建设现代化产业体系,坚持把发展经济的着力点放在实体经济上,推进新型工业化,加快建设制造强国、质量强国、航天强国、交通强国、网络强国、数字中国。产业的发展离不开政策的支持,随着实体经济相关一系列政策的出台,添可作为智能家电的重要生产商,得到了更有力的保障①。

智能化时代下,添可的竞争突围主要考虑从两个方面着手。其一,坚持技术创新和产品升级,保持先发优势和领先性,走技术为王的道路;其二,进一步提高市场和用户洞察能力,把用户的需求放在第一位,抓住消费者的痛点,开发符合消费者核心需求的产品或服务,走市场驱动的道路。

(一)智能化时代添可面临的外部挑战

根据《2022中国智能家电市场发展报告》显示,当前中国

---

① 国海证券.家电行业2023年策略报告:政策及成本费用端双重利好,新赛道+新产品+新市场三大内生增量助力发展[R].2022-12-08.

智能家电增速领先整体家电，占比不断提升。但受国内疫情反复、地产行业不景气，以及海外高通胀和地缘政治因素致使需求较弱的影响，家电板块2022年出现较明显的下滑。按照全国家用电器工业信息中心发布的《2022年中国家电行业半年度报告》数据，2022年上半年，中国家电市场的销售规模为3 609亿元，较同期下滑了11.2%，可见周期性带来的短期阵痛(见图3.2)①。

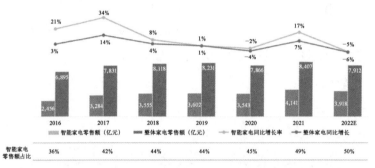

图3.2 中国智能家电市场规模

资料来源：GfK中国零售市场监测和推总。

当前，智能家电市场的产品生命周期越来越短，产品和智能技术的迭代速度快，对于产品创新开发的要求越来越高，对于产品的上市时间、把握市场反应的要求也越来越高。这要求品牌转变产品研发模式，提高对市场的反应速度。

---

① 碧根果.添可开道，智能家电狂奔[EB/OL].(2022-09-23)[2023-01-13].https://36kr.com/p/1927684210067849.

用户价值创新：
添可如何在红海中开创蓝海

智能电器行业品牌之间竞争激烈，技术扩散的速度越来越快。新产品研发上市后，会迅速引起竞争品牌的相应模仿跟风，削弱了品牌的技术壁垒和优势。除添可品牌外，必胜、石头、追觅等品牌均在清洁电器行业有所布局。

必胜是较早进入中国市场的洗地机品牌，2016年的有线版就具备了目前洗地机的"吸拖一体"的基础功能，目前必胜洗地机已有5代产品。此外，必胜2022年新品搭载了独立悬浮滚刷马达，通过按钮即可轻松地在吸尘和洗地功能之间灵活切换，一机多用，胜任家庭更多的清洁场景。必胜lite洗地机主打轻量化、低噪声设计，净重仅有3.8千克，结合人性化自驱牵引设计，轻盈不费力。从产品升级来看，必胜主要实现了"有线到无线""机身净重从5.2千克到3.8千克"以及多刷头、活水洗地等新功能。

石头科技早期为米家代工扫地机器人，逐步拓展自主品牌，在清洁电器领域有一定的经验积累。2022年9月，石头发布新一代洗地机产品——石头智能洗地机A10系列，在清洁能力和智能化属性上均有较大程度的提升。主打双刷"擦卷吸"、内外双向清洁功能，还有全链路抗菌与烘干功能，抗菌效率达到99.9%，进一步实现深度清洁体验新突破。同时，石头A10系列还增加了智能属性，通过智能污渍检测来自动调节吸力和水量，达到重污重擦、清污轻擦的效果；并且支持APP智能互联，可选择洗烘模式、预约定时、机身状态及清洁纪录显示，同时支持OTA优化升级，为用户带来与时俱进、常用常新的产品功能体验。

尽管目前添可洗地机的市场份额领先,但洗地机行业的竞争日益加剧。后发品牌新品类和新品种的出现也为添可带来一定的冲击,如何保持先发优势则是添可在之后发展中需要考虑的方向。

> **管理探析**
>
> 移动互联网络的长足发展对大众的消费方式产生深刻的影响。网络消费更是为各种时尚化的消费欲求提供了最广阔和便捷的通道。用户的需求复杂多变,其购买行为既具有跟风性,又具有独立性。社交网络平台的宣传影响了用户的购买倾向,消费者往往认为其他消费者拥有比自己更多的关于商品的信息,会出于安全性的考虑而选择相信前人的决策结果,模仿他人的决策行为,因而其购买行为具有跟风性。同时,添可的目标人群是新中产群体,他们在购物过程中注重家人健康和生活品质,有着更高的生活追求,其生活方式的自主性也影响了购买行为的独立性。如何切实洞察客户需求,这对品牌也是一个挑战。

(二)添可竞争突围的出路:创新引领需求

首先,添可始终把握技术发展趋势,创新领先同行。添可的技术竞争力在同品类中处于领先地位,其创新实力对生活

用户价值创新：
添可如何在红海中开创蓝海

方式的影响力在持续扩大。

随着添可用更加成熟的智能化科技为新产品赋能，凭借其对消费者需求的深入洞察，添可从功能机时代到 2020 年推出会思考的智能洗地机芙万 1.0。鉴于其独特性，添可将其归为一个全新品类：智能洗地机。它不再是功能的叠加，转而"会思考"，也终于敲开了中国家庭的大门。继添可 2020 年发布芙万智能洗地机产品爆卖后，添可持续对产品进行升级，在优质赛道上做好的产品打动消费者，对产品核心技术进行迭代升级，推动了洗地机行业从单纯功能与参数的竞争向功能与体验相融合的竞争转变。

一次次的创新不仅让添可一跃成为洗地机的发明者，更是引领洗地机行业突破一次次发展壁垒，从功能到智能再到智能空间站，以自身发展史书写了中国洗地机行业的进化史（见图 3.3）。

除了在科技和市场层面引领行业发展，添可也是洗地机行业标准的制定者，添可与中国家用电器协会共同制定了洗地机行业首个

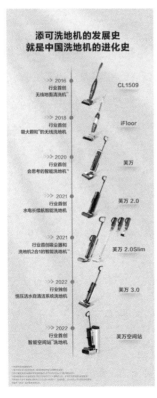

图 3.3 添可洗地机的发展历程

资料来源：添可内部资料。

第三章　用户价值探索：模创战略

团体标准 T/CHEAA 0018—2021《家用和类似用途洗地机》，之后又作为组长单位参与了中国标准化协会（CAS）标准 T/CAS 551—2021《家用洗地机性能要求及等级评价》的编制工作。

其次，添可把控头部客群，通过互动提升产品。添可充分挖掘了头部用户的示范性，加强与他们之间的互动，利用头部用户的影响力扩大影响力和市场份额，同时在互动过程中寻找产品创新的方向和创意设计。

罗杰斯（Rogers，1972）首次按采纳时间的先后将新产品采纳者划分为五类：创新者（Innovators）、早期采纳者（Early Adopters）、早期多数（Early Majority）、晚期多数（Late Majority）和落后者（Laggards）。其中，创新者约占消费群体的 2.5%，他们具有冒险精神，热衷于尝试创新，通常具有较高的胆识，能够处理有关创新的知识，是第一批采纳创新的群体。早期采纳者占 13.5%，他们思想开放，通过观察创新者能否从创新中获得利益来决定自己是否采纳。而且，他们消息灵通，容易成为所在社会系统中的意见领袖，是人们行为的被效仿者和咨询顾问，对后期的采纳者有较大影响[1]。

添可正是抓住了创新者和早期采纳者等类型的用户，利用其对产品的失败容忍度较高、对新产品持有更积极态度的特性，通过高效和高速的用户反应迅速调整新产品，寻求产

---

[1] 曾伏娥,陈文彬,何琼.消费者新产品采纳的特征[J].心理科学进展,2022,30(6):1350-1366.

的创新方向和创意设计。同时,在产品完成调整、正式进入市场后,由于早期采纳者的意见领袖地位和较大的社会影响,以及晚期采纳者易受他人行为影响的特性,增加了潜在采纳者的从众心理,并帮助他们降低了感知风险。

最后,添可不断强化产品设计,创造生活方式。添可注重从情感中唤起用户对产品的需求,注重用户的消费体验,强调用有温度的科技作为产品支撑。添可的技术研发点是为了满足用户的使用体验,产品布局也是为提升用户生活体验而打造,用科技和智能科技的方式去改善用户的生活方式,用智能科技创造梦想生活。

在对添可工业设计总监何吾佳的专访中,他提到了工业设计行业的发展阶段:"最初级的阶段是以工业产品造型设计为核心工作……随着时代的逐渐发展,第二个阶段中除了纯造型设计之外,工业设计越来越深度地参与到产品的交互体验、功能、使用场景的设计中。第三个阶段是全链路的服务设计,这也是添可设计正在努力发展的方向。"

(三)添可如何实现创新突围

新消费时代已然到来,"品质生活""解放双手"成为消费的关键词,具备这些属性的家电新赛道进入成长期。在解放双手的诉求下,扫地机、洗地机、料理机等小家电受到"懒人"消费者的欢迎。

奥维云网《2022年中国扫地机器人消费趋势洞察报告》

第三章
用户价值探索：模创战略

指出,融合集尘、除菌功能的扫地机增长迅速,消费者青睐"扫地＋拖地＋清洁"等多步骤功能集于一体的产品,智能感应扫地机渗透率逐年上升。奥维云网预测2022年扫地机行业销量(销额)462万台(134亿元),前瞻研究院预测2023年中国扫地机市场规模或将达到162亿元,2026年有望突破281亿元,成长空间广阔①。

添可在对智能家居的探索中,不断扩大产品种类,寻求新的蓝海市场。从入口的一蔬一食,细致到头发丝上的精致,都有添可存在的影子。在洗地机成为爆款产品的同时,添可也在清洁、个护、烹饪、健康四大智能生活领域发力,不断完善其高端智能电器的布局。食万3.0Pro智能料理机在食万3.0的基础上进行了智能投料系统的全方位再升级,让味觉享受更上一层楼;摩万2.0智能吹护机则智能定制私人吹发方案,也带来了从发根到发梢做SPA的体验感②。

添可不仅在国内市场快速成长,站稳了国内洗地机品类的霸主地位。在海外市场,添可品牌同样在飞速发展。2018年4月,添可在美国亚马逊注册了专卖店,10个月以后,市场占有率增长129倍,成为亚马逊第二大中高端吸尘器品牌。2019—2022年,更是连续四年被美国权威的《消费者报告》推

---

① 国海证券.家电行业2023年策略报告:政策及成本费用端双重利好,新赛道＋新产品＋新市场三大内生增量助力发展[R].2022-12-08.

② 碧根果.添可开道,智能家电狂奔[EB/OL].(2022-09-23)[2023-01-13].https://36kr.com/p/1927684210067849.

用户价值创新：
添可如何在红海中开创蓝海

荐。截至2022年10月,添可的洗地机线上市场占有率为美国市场的53%,加拿大的67%,德国的49%,法国的67%,意大利的40%。截至2022年8月,线下市场占有率为美国市场的12%。截至2022年二季度,线下德国市场占有率为9%。

添可加速渗透年轻用户市场,抓住年轻消费者的喜好。随着生活节奏的加快,年轻人渴望摆脱繁重的家务,多做一些自己真正喜欢做的事。他们愿意为智能家电产品买单,以此实现"家务自由"。根据奥纬云网的数据,2021年洗地机已贡献清洁电器近二成的线上市场规模且同比增速高达348%,一、二线城市的年轻群体是消费主力。比如在食万智能料理机产品身上,添可抓住了年轻消费者的需求:消费者的核心需求是快乐的享受,即尽量少的体力活、最大限度有趣的过程。料理机则契合了消费者的这一需求,它可以满足消费者在食物制作过程中的好奇心、新鲜感和参与感,减少如洗菜、洗碗等的体力劳动。

在技术创新方面,添可持续推进产品创新,形成了以创新研发为导向的经营战略。仅2022年上半年,添可已陆续发布了八款新品。2022年秋季新品发布会上,添可带来三个"新面孔":芙万Station智能洗地机、食万3.0Pro智能料理机以及摩万2.0智能吹护机。添可以白科技重构了人与环境、美食、美丽、健康的关系,形成家居清洁、烹饪料理、个人护理、健康生活为核心的多品类矩阵式发展版图,目前,芙万与食万双驱带动整体快速发展的格局已初见成效。添可真正做到了为用户带来"居家小确幸",也成为高品质生活方式的代名词①。

以科技为矛,以产品为盾,从这个层面来看,站立在智能家电的风口,添可有足够的实力继续引领行业未来。

---

① 硬核、玩家.添可新品连发,靠创新持续突围向世界展现中国品牌魅力[EB/OL].(2022-09-23)[2023-01-13].https://www.gfan.com/info/575897.html.

第四章
用户价值创造：体验设计

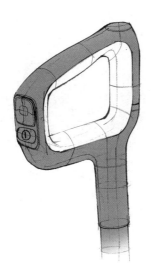
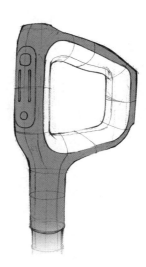

扫码观看视频课堂

"用户体验"一词最早诞生于 20 世纪 90 年代,由著名的认知心理学家唐·诺曼(Don Norman)提出。用户体验是一个人或者用户与产品之间互动的感觉与体验。当我们评价一个产品是否拥有良好的体验时,往往会去关注用户在使用过程中是否感知到愉快、可用、有用等积极正面的情感。愉快的用户体验正向影响着消费者的选择、购买决策,是企业共同追求的目标。近几年来,用户成长迅速,商品经济的发展扩大了用户的选择、社交网络平台的崛起又赋予了人们更多的权利,人们敢于表达自己在产品使用过程中得到的体验感受,用户体验越来越频繁地出现在人们的视野里。

一、靠产品说话:添可品牌的产品体验设计

(一) 添可白科技带来用户生活"小确幸"

在物质文明日益丰盛的今天,人们越来越追求精神层面

的满足。除了产品功能上的实用性，人们对产品提出了更高层次的要求——满足复杂的情感需求。美好的情感体验能够让消费者更加愿意接纳、使用、购买产品，它是消费者评价一个产品好坏的重要指标。在简单的人与物之间的关系里，物仅仅是为了满足人的需求而存在的，物最为人看中的就是它的工具性属性。情感体验折射出的是人与产品之间更深层次的关系，使人与物之间有了精神层面的连接。因此，情感体验设计的关键是在满足了基础性的产品功能之外，设计者能精准地捕捉到这种关系并围绕着这种关系作出各种努力，让产品与消费者在情感上引起共鸣。

添可主张"生活白科技，居家小确幸"，正是注意到了市场中消费者注重科技产品的情感体验这一现象。人们希望扫地机器人承担家中的清洁任务，保持屋内洁净卫生，这是产品的实用性。但这还不够，人们通过给机器取名字的方式确定人与机器之间新型的、交互的家庭成员关系。在这种关系下，消费者在使用产品的过程中体会到愉悦、幸福的情感体验，这就是人们从产品的使用过程中收获的情感。

市场上，许多品牌乐于强调自己的产品采用了如何高级、如何先进的技术，用晦涩难懂的专业术语和数据指标让消费者晕头转向，却鲜少提到产品本身能够为消费者带来什么好处，能够在实际生活场景中为消费者解决什么样的问题。在钱东奇看来，强调技术本身而非技术能够给用户实际生活带

第四章
用户价值创造：体验设计

来的体验,这样的做法是一种本末倒置。不论是多么高深前沿的技术,它的出发点和落脚点都应该是人。冷冰冰的技术与科技是很难让人们从情感上接纳产品的,钱东奇希望打造的添可是"内冷外热"的。这也就是说,产品内部要有硬核高冷的技术,但这些技术输出给用户的却是温暖和人情味。因此,白科技应运而生,它与黑科技割席分坐,从一种人文关怀的角度重新定义了人与科技之间的关系。

如果说白科技重新定义了用户与产品之间的关系,"居家小确幸"则更进一步说明了在人与物之间交互的家庭成员关系下,用户在使用添可产品的过程中会收获到的满足感、幸福感等一系列美好的情感体验。当我们把一个产品当作自己家人的时候,潜意识里,我们认为这个产品能够细心体察我们的各种感受与需求,并且最大限度地满足这些需求。市面上许多吹风机仅仅是将头发吹干,至于吹干头发的过程中温度是否适宜、头发是否柔顺这些问题却很少被产品研发人员重视起来,恰恰是这些没有被重视的问题决定了消费者在产品使用过程中的情感体验。在这样的背景下,智能吹风机摩万诞生了。摩万的湿度传感器能够时刻监测用户的头发环境,根据头发的干湿程度自动调整出风温度以及风量的大小,让用户在产品的使用过程中有更加舒适和高效的干发体验。钱东奇认为,哪怕是为了用户满足感一些细微的提升,研发团队的努力都是值得的。正是这种追求卓越,愿意去满足消费者任何细微需求的执着推动着添可的发展。

（二）产品外观设计成就视觉体验：功能与颜值的一体化呈现

视觉是人们最为重要的感觉之一，是人们面对事物直观的感知。人们通过视觉得到的外界信息占了日常信息中的绝大多数。视觉在很大程度上影响了人们的认知行为、决策行为、情感判断等一系列人类活动。视觉体验是指消费者在观察产品外观的过程中，大脑将复杂多样的视觉信息处理后形成的一种视觉经验，在此过程中，消费者会收获独特的审美感受、愉悦的情感。企业应当重视产品的视觉体验在消费者体验中的作用，利用各种视觉元素打出一套组合拳，让消费者感受到好的体验感、给消费者创造更高的价值，进一步达成促进消费的目的。产品的形态结构以及外观色彩是其作为形貌展示的最主要部分，也是产品的功能特征和视觉效果的双重结合。外形简约大方、色彩搭配宜人、机身线条流畅、尺寸大小适当的设计，可以满足用户对产品最基本的外观颜值要求，从而为用户提供最直观、最直接的视觉体验。

汉语有两个关于"见"的成语——一见钟情与日久见人心。一见钟情中的"见"是"情投"；日久见人心中的"见"是"意合"。两个不同的"见"道出了颜值至上的市场逻辑所在。在第一次"见"中，人们被外观折射出的产品特征、品牌调性所吸引。随着时间的推移，人们开始进一步了解、购买、使用产品，并且在这一过程中产生了对产品内在功能、核心技术更加清

第四章

用户价值创造：体验设计

晰的认知，这是第二次"见"。没有第一个始于产品外观颜值的"见"，就没有第二个对产品内在价值的"见"。第一个"见"是冲动，第二个"见"是冲动回归理智，它们共同决定了用户对产品的狂热和追随。苹果公司的创始人史蒂芬·乔布斯深谙此道。受简洁、实用的包豪斯设计理念的影响，乔布斯摈弃当时流行的深色且烦琐的工业产品形象，把苹果电脑设计成一个极简而又美丽的白盒子。这样简单、精致、直接的外观设计为苹果吸引了第一批用户，随着对产品认知的加深，他们愈发着迷于深藏在外表下苹果产品强大的功能和先进的技术，转换成为品牌的忠实用户。

因此，产品设计者们应当重视对产品的视觉设计，在创造的过程中不仅仅要考虑产品自身的功能、形态、结构，还要与用户的审美相结合。通过产品的外观带给用户良好的视觉美感，让用户从一开始就认可产品，这为后来形成的用户体验起着极为重要的作用。

当把理论落实到具体的生产过程中时，产品设计者们需要考虑的一个问题是，怎样做才能充分发挥视觉体验的价值创造作用？钱东奇认为，要想弄清楚这个问题，首先必须要明白产品的外观与自身承载的功能之间究竟是什么样的关系以及最终会给消费者带来怎样的体验。显然，添可在不断的追问中找到了问题的答案——一体化。一体化是产品外观与功能的一体化，它摒弃"为了外观而外观，为了功能而功能"的思维模式，而把功能的巧思融入产品的外观设计之中，并且通过外观的表象特征表达出来。

2020年,添可旗下"会思考"的智能洗地机芙万凭借其独特新颖的设计理念以及创造性的工业设计成果荣获红点设计奖。红点奖源自德国,是与德国IF设计奖、美国IDEA奖齐名的一个工业设计大奖,也是世界上知名设计竞赛中最大、最有影响的竞赛。芙万获得红点奖,是对添可品牌产品设计理念的认可与赞誉。钱东奇对红点奖有着独树一帜的看法。他认为,从表面上看,红点奖是一个外观造型的大奖,但这个奖项本质上反映的是怎样将产品功能艺术性地向外传达给消费者,用外观告诉消费者这个产品能够帮助他们切实解决生活中的需求和问题。钱东奇认为,企业的价值来自为用户创造了价值,设计的前提应当是基于解决用户实际问题和实际需求,为生活提供更好的解决方案。正如乔布斯所说,设计不仅仅是视觉和感觉上如何,设计也是产品运行起来如何。

(三)产品交互设计打造人机协作的友好环境

交互体验是产品呈现给用户时在操作方面的易用性和可用性,它是一种比较主观的感觉。便学易用、高效准确、安全友好是良好的交互体验的基本要求。在交互体验中,用户是被服务者,产品搭载的系统和功能是服务人员。良好的交互体验需要良好的交互设计。交互设计是针对产品使用全流程进行的设计,是为了确保用户使用产品时符合其日常的行为

第四章

用户价值创造：体验设计

习惯，保证产品操作过程的逻辑流畅，并且通过交互设计来引导用户的行为，设计整个行为流程。在整个流程中，设计者需要考虑接触前必要的信息展露以及接触后的结果反馈，对下一步的设计改进提供指导意见，提升用户的体验感受。

钱东奇希望打造的添可是能够推动人与机器协同工作的品牌，人与机器能够和谐地相处。当然，要实现这样的理念需要良好的人机交互设计支撑。在一些消费者看来，"会思考"的智能洗地机替代了以往保洁阿姨的职责，人们更愿意把扫地机看作帮助清洁卫生的家庭成员，而不是一个冷冰冰的机器。同时，相较于对工业化产品单方面地施加命令，良好的人机互动能拉近人与机器之间的距离，同时增强用户在使用洗地机时的情感体验以及趣味性。芙万3.0正是考虑到了这一点，于是推出了老少皆宜、众人接受程度很高的卡通形象阿万（智能助手）。阿万通过动态的语音教学深入浅出地教会消费者如何正确地使用洗地机，通过这样亲和的方式既能够解决智能洗地机新手们"使用难"和"学不会"的尴尬问题，也在这一过程中帮助芙万智能洗地机产品赢得了消费者的信任和喜爱，可谓是一箭双雕。

用户在清扫地面的时候，会选择来回拖动洗地机的方式以达到更好的清洁效果。但是，用户们在实际应用时往往发现他们对洗地机往前、往后或者其他方向的推动并不省力，这就给清洁工作带来了很大的不便。洗地机不能很好地配合人的活动，交互的效果较差，也就导致了较低的交互体验和用户满意度。芙万关注到这个重要的人机交互问题,为芙万 3.0 安装了独创的前后双驱动力系统,后轮安装有独立的驱动电机,可以让后轮自动转动。同时,洗地机搭载 AI 智能驱动算法,可以根据人的使用情况预判洗地机的推拉方向。这套前后双驱助力系统能够智能化感知、预判用户的推拉方向,在此基础上提供辅助动力。用户在使用洗地机的时候行走得越快,系统对洗地机的推动助力就越大。再搭配上芙万的万向滚轮,真正实现了"人机共动",使洗地机的转向更灵活,用户前推后拉会有更加轻松愉快的交互体验。

二、添可洗地机爆红的背后:以用户为中心的产品设计

以用户为中心说起来容易,做起来却十分艰难。什么是消费者真正需要的?产品应当怎样设计才能解决消费者的需求痛点?本节将展示添可在瞬息万变的市场环境中是如何打通产品设计与消费者之间的隔阂,进而创造一个又一个商业奇迹的。

(一)解决消费者需求的痛点

以用户为中心的设计过程是一种重要的设计流程,它在每一个阶段都密切关注用户需求的痛点。

1. 直面用户的核心需求

市场上有大量的需求,然而企业的精力和资源是有限的。

第四章

用户价值创造：体验设计

要想获得较高的收益，企业应当学会从一堆用户需求中提炼出产品真正需要开发的核心点。这也就意味着，企业首先应当明确自己服务的目标客户群体是谁，以及目标客户群体对现有产品不满意的地方有哪些。在此基础上，企业再去开发能够满足客户核心需求的产品。

我国清洁行业的发展是伴随着改革开放的进程逐渐蓬勃起来的。改革开放前，中国老百姓对清洁产品有着庞大的需求，而此时国内的清洁工具大多还是簸箕、扫帚、拖把等简陋的产品。虽然这些产品能够满足一般的清洁需求，但对于一部分中高端人群而言，这还远远不够。对生活品质有更高追求的消费者希望能够简化劳动，将双手从繁重的劳动中解放出来。用户对清洁的核心需求无法从现有产品中得到满足，这让钱东奇嗅到了商机，他觉得国外的吸尘器可以满足这部分中高端人群的消费需求。1990年，钱东奇和春兰电器等达成合作协议，成为中国吸尘器出口代理商的早期探路者之一，公司的业务不断扩大。1998年3月，钱东奇创立泰怡凯(TEK)电器(苏州)有限公司，主要从事吸尘器代工业务，把吸尘器引入千千万万的中国家庭。

2. 直击用户的瓶颈需求

只有不完美的产品，没有挑剔的用户。当一般的需求被满足后，消费者在体验现有产品的过程中仍然会衍生出其他需求，这部分衍生出来而未被满足的需求称为需求的瓶颈。要突破需求瓶颈，就得学会跳出圈子看问题。福特曾说过这

用户价值创新：
添可如何在红海中开创蓝海

样一句话:"如果你问消费者他们需要什么,他们只会告诉你更快的马儿。"但现在很难看到人骑着马,却能看见无数的汽车在道路上行驶。只有开放眼界、敢于打破界限的企业家,才会将"速度更快的马儿"转换成全新的品类——汽车,从根源上解决消费者希望出行工具能够速度更快的诉求。毕竟,无论怎么去训练马,它的速度都会有一个上限。直击消费者的瓶颈需求,添可也有与福特类似的经历。

一开始,添可也和其他清洁品牌一样专注于吸尘器的开发与售卖,市场反馈的效果也很不错。但是,钱东奇敏锐地发觉,中国消费者的清洁习惯与外国人的清洁习惯有着很大不同。中国人的习惯是先对地面进行清扫,然后再拖地。在这样的清洁习惯下,只有清除灰尘功能的吸尘器并不能很好地满足中国的消费者,在国外收获巨大成功的产品来到中国却不一定能收获同样的成就,舶来品也会水土不服。尽管已经做到吸尘器领域的行业前三,但添可仍然不满足于现状,在了解到中国消费者的瓶颈需求后,添可选择推进洗地机品类的研发工作,一场产品革命在悄无声息地展开。2016年,添可推出行业第一款干湿两用清洗机CL1509,也就是芙万智能洗地机的前身,创造性地开启了地板清洁方式的新探索。到2018年,添可正式推出"iFloor",这是行业第一台吸大颗粒的地面清洗机,开启了一个属于洗地机的时代。这就是属于添可的"破圈",跳出现有产品的桎梏,从用户需求出发打造全新的产品品类。

3. 直达用户的敏感需求

敏感需求是一类有着很高特殊性的需求,它们不易被察觉,甚至消费者自己也很难描述自己需要什么。但这些需求背后的问题却亟待解决,并且现有的产品不能帮助用户解决这些问题。这就需要企业真正走进消费者的生活中,以第一视角还原生活场景,了解生活场景中可能出现的各种各样的实际问题,并且提出能够解决问题的方案。

添可旗下的芙万 Spotee 产品就是直达用户敏感需求的一个很好的例子。添可研发人员通过走进消费者的真实生活,发现被褥、沙发、床垫、地毯、窗帘和孩子的布偶玩具等大件物品的清洁很难,并且靠洗衣机进行清洗也是很难实现的。这是因为家用洗衣机一般容量有限,大件物品(如床垫)不太方便全部放进去清洗。另外,像床垫、窗帘等物品更多的情况是点状的或者是片状的污损。对于消费者而言,为了一点点脏污而把全部物件放进洗衣机清洗的做法,既费事又费力,效率低下。只有以第一视角还原生活,企业才能做出真正能帮助用户解决需求问题的产品。芙万 Spotee 应运而生,它采用芙万系列领先的智能化技术。芙万 Spotee 内置的红外线感应器能够帮助机器智能识别物件的脏污程度,从而做到用不同的力度洗刷污秽之处。这样的智能技术可以让用户不再需要自己去判断、控制洗刷的力度,让布艺家居清洁更加高效省力的同时也让清洁过程更有趣。另外,在使用过程中芙万 Spotee 会自动吸走脏水,用户不需要对物件进行长时间的晾晒,这既能够减轻清洗对物件使用的影响,也释放了用户的时间和家庭空间,让清洁无压力。

这就是钱东奇的过人之处,当别人只会循规蹈矩地埋头干活的时候,钱东奇会时不时地抬头看看公司前进的方向是否正确,并且时刻反思接下来企业应当怎么做。另外,将消费者的需求始终放在第一位的以用户为中心的市场导向思维得益于钱东奇多年的管理经验:没有真正解决用户需求痛点的企业,是很难在市场中屹立不倒的,企业的存在就是为了给用户创造价值。敢为人先,敢于挑战现有的模式框架,钱东奇的身上有着宝贵的企业家精神,这种精神推动着添可产品一代又一代地成长、升级。

(二)用户需求驱动的产品研发策略

1. 从理性和感性两维度出发,添可打造与用户的深度共情

以用户为中心的设计过程的核心是同理心,是对目标用户群体深刻的共情。如果一家公司取得了巨大的市场成就,它一定是做对了什么事情。这个"正确的事情"对于添可而言,就是与用户之间的深度共情。共情可以从两个维度进行,分别是理性维度与感性维度。

理性维度的共情是解决消费者的需求痛点。2022年4月底,添可推出芙万3.0,再次刷新了用户对洗地机品类的认知。芙万3.0智能洗地机搭载了行业首创的水电双续航技

第四章
用户价值创造：体验设计

术,在40分钟的使用过程中,用户不需要加水,也不需要倒污水并且洗地机不断电。另外,根据消费者对前代产品的反馈,用户在使用洗地机时会明显感知到较大的回拉阻力,给清洁带来不便。为解决这个问题,添可在芙万3.0新品的后滚轮中增加了双电机驱动助力。如此,洗地机就可以感应识别手中力的方向,从而自适应地向前或者向后,让洗地机的使用体验更加顺心应手,给用户带来便捷。新冠疫情时期,消毒成了家庭必需的一项工作。在这样的时代背景下,芙万3.0开发了自制电解水除菌液,在浸泡、清洗滚刷和管道后开启65秒离心风干,洗地机的离心风干速度非常快,短短65秒就可以速干,这样可以避免热风烘干造成的细菌滋生和扩散,让用户安心。

感性维度的共情是和谐的人机交互。贝斯·迪恩（Beth Dean,2017）曾说过,即使习惯了面对机器,面对互联网产品,人类始终是人类,会更喜欢通情达理的产品。添可的创办理念是"生活自科技,居家小确幸",旨在构建和谐的人机交互,促进人与机器协同工作。这种自带温度的设计理念在芙万系列产品中的交互体验上得到了体现。3.6寸LCD显示屏幕,洗地机的运行屏幕的屏占比很高。用户能将文字字体变大,以便更直观清楚地查看洗地机的清洁模式、电量情况以及滚刷脏污的情况。对于第一次使用添可芙万的用户,洗地机内置有快速指南以及新手互动教程的教育动画片,用户只需要在初次开机时跟着学习一遍就能掌握添可芙万的使用。在洗地机的手柄背面有一个静音按钮,可以实现一键关闭语音,可以避免休息时间对用户的打扰。相较于芙万2.0,芙万3.0新添加了虚拟卡通人物阿万,用户可以与之沟通,给清洁带来了情感体验。芙万Station进一步构建了人机协同工作的宽松环境,把人从繁重的劳动中解放出来,赋予了清洁卫生这一传统劳动新的意义,让人们从劳动中收获更多趣味。"当前,芙万3.0智能洗地机已经处于行业技术领先地位,我们也在思考下一步的进化方向,而这个思考结果就是芙万Station",钱东奇表示,"原来的洗地机需要用户手动清倒污水箱,如果清理不及时,可能会产生异味,我们就在思考如何进一步解放他们的双手,芙万Station应运而生。"

2. 产品更新升级:从芙万1.0到芙万空间站

以用户为中心的设计过程是一个迭代过程,意味着设计师将一次又一次地优化产品的设计,并试图为目标用户群体创造出最有价值、体验感最好的产品。

产品的功能就像是一组基因,有的基因因为不适合当下的市场环境而被沉默,有的基因因为能让产品更加贴合消费者需求而被表达出来。从芙万1.0到芙万空间站的过程,就是添可有选择性地将不同基因沉默或者表达的过程。这一过程大概可以分为这样几个步骤:用户需求洞察、功能列表列举、任务列表列举、产品迭代开发、产品集成测试以及最终的产品交付。几个步骤环环相扣,共同组成了产品

第四章
用户价值创造：体验设计

的进化。

2020年，芙万1.0推出，添可将其归为一个全新品类，即"会思考"的智能洗地机。它集吸、拖、洗于一体，能够智能识别脏污从而实现高效清洁。并且，用户在清洗的过程中可以做到全程不弯腰，既省心又省力。自此，洗地机品类在市场中崭露头角，中国的清洁电器市场走进了新发展阶段。随着新冠疫情威胁的日益严重，消费者对洗地机提出了新的诉求，他们期盼洗地机能增加除菌、消毒等新的功能，此时，芙万2.0应运而生。芙万2.0延长了续航能力，搭载电解水除菌功能等众多优化功能，给添可赢得了一波新的消费者好感。但这仍然不够，添可通过观察中国消费者的清洁习惯，发现洗地机的自清洗功能还存在许多可以改进的空间。芙万3.0是行业首款搭载恒压活水清洁系统的洗地机，它模拟人类对拖把的清洁行为，做到一分钟洗450次拖把的程度，帮助消费者告别了脏滚刷反复二次污染地板的情况。在进行自清洁时，恒压活水清洁系统还会对滚刷进行近2 000次的清洗，让滚刷与整体机身焕然一新，不再借助人力，再次给消费者的生活带来了便捷。芙万3.0之后的芙万Station搭载了具有自动补水、自动排污、自动冲洗、离心风干、UV杀菌、自动无线充电、智能自清洁等功能的智能空间站，能让用户在清洁过程中不用担心水箱加注、废水倾倒等环节，解放了双手，从而真正实现了"拿起直接用，放回不用管"的革新清洁体验（见图4.1）。

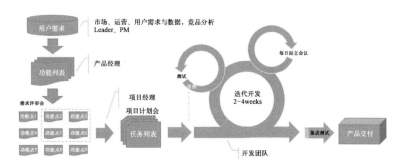

图 4.1　添可产品的开发流程

资料来源：https://my.oschina.net/hailongqiu/blog/1583752。

三、食万智能料理机的设计逻辑：遵循人性的消费者融入价值创造

互联网、物联网、社交媒体平台、人工智能等技术的蓬勃发展，赋予了消费者越来越多的权利。消费者和企业的角色被重新定义，消费者不再只是消极的购买者，而是积极的参与者、价值的消费者；二者之间的关系也不再是简单的买卖关系，而是合作共赢的伙伴关系。价值共创对企业和消费者都具有重要的意义。通过让用户参与到价值共创的过程中，可以帮助企业发现新的市场机会，改进现有产品，发明新产品，提升品牌价值，这些都能构建企业区别于其他竞争对手的竞争优势。对于消费者而言，通过参与价值共创，可以收获自己满意的产品，在这个过程中获得成就感和荣誉感。通过整个价值共创的交互，消费者还能够获得独

特的体验。消费者的这些收获反过来又会进一步对企业产生积极的正面影响,如提高用户的满意度、忠诚度、购买意愿等,形成一个良性的循环。消费者与企业之间相辅相成,共同铸就长盛不衰的产品。本节将探讨食万是如何将消费者参与纳入企业竞争力当中的,通过价值共创实现消费者与企业的双赢局面。

(一)产品创新:进击的食万

1. 食万设计创意的产生

创新是企业生命力的来源,是企业的灵魂所在,是企业持续发展的保证。新产品创意的产生方式有两种:一种是自上而下的创意产生(top-down idea generation);另一种是自下而上的创意产生(bottom-up idea generation)。自上而下的创意产生源自对未开发的市场机会的识别,然后研发对应于该市场机会的产品。所谓的市场机会,就是创新性产品可以比其他竞争性产品更好地解决客户面临的重要问题。因此,自上而下的创意产生始于对市场的分析,旨在确定公司能够以新的方式满足消费者未被满足的诉求。自下而上的创意产生与自上而下的产生恰好相反,它首先从一项已有的产品出发,然后寻求未被满足的市场需要。在自下而上的创意产生中,发明是由技术创新驱动的,而不是由确定的市场需要驱动的。它根植于技术,更侧重于在产品功能、核心科技上的优化,这种升级优化的最终目的其实也是为了更好地

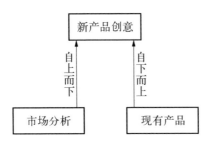

图 4.2 添可的产品创意来源

服务于市场(见图 4.2)。在食万的设计过程中,添可采用了这两种创意产生方式,实现了从食万 1.0 到食万 3.0 的产出、升级与迭代。

一开始,添可通过对市场的分析认为,人们需要的料理机是能够帮助他们在家中就能复刻名菜的产品。于是,添可采用自上而下的创意方式推出了食万 1.0,初衷在于让人人都可以在家里当大厨。但食万 1.0 推出后不久,便遭到了消费者诟病:用户需要自行测量油、盐、酱、醋、糖等调味品的用量、刷锅洗菜,不够智能化的第一代料理机大大增加了产品使用负担。这就是不够准确的市场分析带来的创意误判,偏离了消费者真正需要的轨道。当前消费者的生活节奏较快,不愿意花太多时间做饭。并且,大多数用户想要的新鲜、精美、原汁原味、健康控油等精致化的餐饮很难通过现有的产品和服务实现。外卖虽然能够帮助用户解决"快生活"的难题,却存在着比较大的食品安全风险,重油重盐等不健康因素触动着消费者的神经。预制菜虽然能让用户在食材安全方面感到安心,但却保留了烹饪环节,消费者仍旧需要在做饭这件事情上花费较多的时间、精力。在总结了食万 1.0 的失败经验之后,添可团队头脑风暴,从用户需求出发,提出"精致快生活"的理念。"精致"即延续食万 1.0 希望用户变成大厨的理念,"快"则切合用户所处的快生活时代。这意味着不仅是食物的制作过程,之前下放给用户的原材料处理、调味品称重以及料理机清洗这些任务,均要形成闭环,环环相扣。从用户需求反推技术上的创新,如配置可自动运输的调料料盒。从技术上的创新,再反推回产业链的塑造,如食万净菜去完成原材料处理的工作。

从食万 2.0 到食万 3.0 的创新设计中,添可同样运用了自下而上的创意产生方式。为了让汤的味道更加浓郁并且产生的油烟更少,食万 3.0 在食万 2.0 料理机的基础上对锅的设计进行了改造,即只留一个烟道,从原来的三个出口变为只保留一个很小的出口,增强了密闭性。另外,相较于食万 2.0,食万 3.0 还升级了控温系统,让温度控制更加精细、自动料理的菜品更加美味。在测量系统上,食万 3.0 也在食万 2.0 的基础上进行了升级,油和盐等调味料可以做到直接智能添加,无须用户手动操作,大大简化了流程,让整个做饭过程都变得十分简单。

2. 食万设计过程中的消费者价值共创

食万的设计虽然是关于产品的,但设计的过程中却处处体现了对用户价值的创造。把用户价值共创融入每一个研发过程,这是添可食万创新非同寻常的点。

食万 3.0 的设计理念是"精致快生活"。"精致"体现了消费者的条件价值,料理机的出现帮助用户构建了一套全新的厨房应用场景蓝图。不论是图省事的"懒惰型"消费者,还是喜欢自己做饭的"创造型"消费者,他们都可以从食万智能料理机中得到各自想要的乐趣。"快"则满足了消费者对产品的功能价值需要,人们可以用更加快速、便捷的方式吃到料理。"生活"是消费者情感价值的表达,这一点与添可的品牌理念一脉相承,添可希望打造的产品能够给用户带来幸福的感受。"生活"二字的背后是科技打造的温暖体验。用户可以自行创造菜肴,菜谱的数据会由程序记录并形成数据包用于分享,使用过程中锻炼了消费者的自主动手能力,提升了消费者的认知价值。另外,添可为食万打造了一个用户平台,人们可以在这个平台里上传自己创造的菜谱或者下载别人的菜谱,通过食材烹饪的方式进行人与人之间的互动交流,这给消费者带来了很高的社会价值。

(二)商业模式探索:成立食万数字美味研究院

添可团队深刻体察用户需求,提出"精致快生活"这一核心理念。围绕着这一理念,食万逐渐牵引出一整套体系。2022年7月,添可食万数字美味研究院正式成立,并与浙江工商大学食品感官科学实验室展开产研战略合作。食万数字美味研究院的成立,是添可对智慧厨房生态系统的布局,是聚焦用户体验的研发创新力提升。

以数字美味研究院为起点,食万首先与浙江工商大学食品感官科学实验室联合研发,将科研成果在中餐上下游行业端进行了推广及应用,再由以添可食万为主导的企业端实现食材的供给以及智能烹饪设备的制造,最终以食万净菜和食万智能料理机的形式来到用户的身边。云端服务再将用户端的美味评价、服务体验以大数据的形式反馈给学术端,进入下一轮的改进升级流程,形成一个不断优化、充满创新活力的良性循环。数字美味研究院成为推动中餐制作各环节数字标准化的关键推手,是食万追求的中餐标准化研究中不可或缺的一环。

目前,数字美味研究院已经与浙江工商大学食品感官科学实验室合作了多个研究课题,如美食 URD 和人体舒适感的神经反应关系及感官嗜好模型。数字美味研究院还在实验室中设置了四大功能区块,分别是感官分析区、理化分析区、加工实验区以及微生物区。感官分析区主要进行食万感官模型的分析测试,分析以及落地各类菜肴的标准化感官要素模型;理化分析区研究食材在各类美味模型反应下水分、物质的变化,并进行分析以获得最好的物化指标;加工实验区可以实现所有实验样品的制备,包括干制和包装;微生物区则是对包括益生菌、发酵菌、致病菌的功能性、工业应用性和食品安全性进行研究与检测。

添可始终在不断创新研发更多懂消费者的科技,提升他们在家庭生活中的幸福感、愉悦感。添可食万作为一个融入消费者价值创造的全新体系,为添可创造了一条全新的赛道。对智能烹饪领域进行持续的探索,是添可未来从单智能硬件向物联网全链路智能生态体系延展的核心。

(三) 市场导入:食万目前的成效

添可食万 3.0 已成长为背后拥有全链路物联网生态体系

支撑的智能前端,能带给用户颠覆传统认知的烹饪体验和"简单、快、好吃"的生活方式。

中餐烹饪对大部分工作繁忙的人来说,体验并不愉快。添可食万 3.0 独创的全链路智能化烹饪闭环方案则有效地解决了用户关于吃什么、不会做、备菜时间长、不好吃、要更健康、不想洗锅等长期存在的系统性烹饪难题,这在业界尚属首次。另外,中餐因为制作流程太复杂而很难实现标准化,但数字化时代的到来为中餐标准化提供了可能。添可利用其传统优势,即数字化、标准化这一套控制体系,进军餐饮行业。钱东奇表示,恰恰因为他们是传统意义上餐饮行业的"外行人",才会利用自身数字化、标准化控制体系,引领餐饮行业发生这一标准化的深刻变革。

食万 3.0 的推出,让添可不仅持续蝉联"京东 618"同品类冠军,销售额更是同比增长 400%,充分证明了这款新品的市场认可度,前景广阔。但食万并没有驻足于现阶段的舒适区,而是马不停蹄地推动了数字美味研究院的成立,要在中餐标准化这条新赛道"玩出花样",而且已初见成效,又一次成为"第一个吃螃蟹的人"。

(四)研发流程优化:食万发展过程中的困境和添可的应对

食万 1.0 的发布,基于最原始的"人人可以当大厨"愿望,将食谱完全数字化,菜品制作之外的其他繁杂工作则全

第四章
用户价值创造：体验设计

部交给用户。这给用户造成了许多麻烦。没有人愿意将时间花费在准备菜品、调味品称重以及清洗料理机上面。尽管数字化菜谱以及全自动菜品制作使得出品能复刻"大厨的味道"，同时具有较高的出品稳定性，但是仍然遇到了失败。

钱东奇认为，当一个产品没有形成完整闭环的时候，用户体验将降低70%。在初代产品推出三个月时，他便敏锐地发现该产品欠缺闭环。钱东奇带领团队进行头脑风暴，洞察用户需求，提出"精致快生活"这一理念。在快生活时代，人们追求简便、快速的生活方式。但诸如外卖料理包等用餐模式却导致用餐体验的下降，包括人们对于食品安全的担忧、食品风味的下降以及健康饮食因素的匮乏。因此，在"快"的同时，钱东奇指出，食万可以做到的是将"精致"与"快"这一对矛盾化解，提供一种"快精致"的用户体验。

如何做到"快精致"？从用户需求出发，一步一步地反推，食万通过布局智能料理机、食万净菜和添可生活 APP 等，跨步进入中餐标准化赛道，牵引出一整条从田地到餐桌的产业链。如何让用户不再亲自准备食材，省去切菜、洗菜这些烦琐步骤？食万提出食万净菜方案；如何让用户不再当一点一点称重的"化学分析师"？食万优化料理机技术，配置可自动运输的调料料盒；如何让用户吃到美味的、出品稳定的食品？食万成立了食万数字美味研究院，借助科研的力量研发数字化菜谱。

用户价值创新：
添可如何在红海中开创蓝海

芙万的进化、食万的升级，添可这一路走得并不容易。从产品的开发到后续的不断升级改造，我们不断追问的一个重要问题是：设计与用户价值创造之间是怎样的关系？

设计是为了创造用户价值，是把用户对于产品的诉求融入每一种色彩、每一个电子元件、每一副精心打磨的形态之中。设计在用户价值创造中的初始性地位是毋庸置疑的。汽车制造商丰田的全面质量管理（Total Quality Management）口号"一开始就把事情做好"是一个很好的印证。全面质量管理关注企业生产的过程，它要求企业对这些过程进行持续性的监控，并采用量化的方式推动过程的改进。它的目标是确保产品的生产过程第一次就做对，避免返工带来浪费，以此提高企业的生产效率。把控好产品的设计有诸多益处，主要体现在以下三个方面：① 产品缺陷更少。产品在第一次就能够做好、做对，也就意味着产品出厂时的缺陷更少，从而减少了产品召回的概率，降低未来可能会出现的产品修复费用。② 成本降低。由于产品缺陷减少，公司将会在产品的更换、售后服务方面节省成本，从而获得更高的利润。③ 客户满意度高。以用户为中心的设计能够持续性地满足用户需求，并因此提高用户满意度，建立稳固的客户关系。这对于产品、品牌口碑的建立至关重要。由此可见，若想获得市场成功，优秀的产品设计是每一家企业的必修课！

第四章

用户价值创造：体验设计

管理探析

在添可的产品设计过程中，我们还注意到体验设计创造了用户价值。在"生活白科技，居家小确幸"的设计理念下，添可提升了用户的情感体验，创造了用户的情感价值，即人们在使用产品的过程中感到温暖、贴心。在功能与颜值一体化的视觉体验设计中，添可给用户带来了美的视觉感受，增添了用户使用产品的趣味性，创造了用户认知价值与功能价值。交互设计打造了和谐的人机工作环境，帮助用户解锁更多产品使用场景，让用户在不同环境下仍能轻松自如，创造了用户条件价值。

以用户为中心的产品设计成就了用户价值，用户价值在体验设计中分化。

第五章
用户价值传递：品牌共鸣

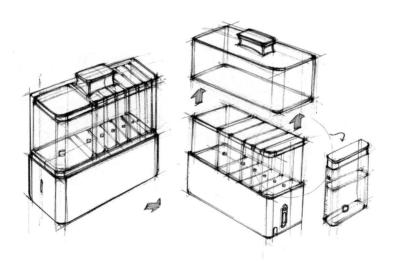

扫码观看视频课堂

完成产品设计环节的用户价值创造后,添可需要借助品牌的力量将创造出的价值传递到消费者的心中。本章探讨添可如何通过塑造高端智能生活电器引领者的品牌身份,建立以用户认知价值为特色的品牌资产,利用社交网络时代的品牌传播手段,实现"智情合一"的品牌共鸣,最终完成用户价值传递。

一、高端智能生活电器引领者的品牌身份

对于2018年才全新更名的添可品牌而言,在初入市场时向海内外消费者传递清晰准确的品牌身份是非常必要的。品牌身份通常指品牌在企业的文化、定位、表征、信息与行为等属性方面体现的稳定特征[①]。品牌身份是沟通组织内部与外

---

① Mindrut S, Manolica A, Roman C T. Building Brands Identity[J]. Procedia Economics & Finance, 2015, 20: 393-403.

部的桥梁①,既包含了企业内部为自身描绘的愿景,也包含了企业希望向组织外部传递的理念。品牌身份的外部表达,就是品牌形象。

添可高端智能生活电器引领者的品牌形象看似野心极大,实则并非空中楼阁。其背后的底气来源于科沃斯集团25年的品牌传承,面向人民未来生活的品牌愿景,以及独特的品牌专长、品牌个性和品牌价值。

(一) 多年深耕家庭清洁行业的品牌传承

在许多人的眼中,添可或许是一个"新面孔"。但提到它的母公司科沃斯,这个在国内家用机器人行业稳居龙头的企业,想必无人不知、无人不晓。

在自主创业之前,钱东奇早已从事了多年的吸尘器出口代理工作。泰怡凯创立之初,企业便致力于筹建自有工厂,成立自主研发中心,掌握属于自己的核心研发技术和生产能力,并拥有了完整的上下游产业链。泰怡凯从OEM模式起步,成为飞利浦、松下、伊莱克斯等国际品牌的吸尘器代工制造商,并在此期间取得了CE、RoHS、EMC、FCC、CPSC等一系列标准认证。

2001年,泰怡凯推出全球首台卧式中心过滤吸尘器,引

---

① Stuart A, Whetten D A. Organizational Identity[J]. Administration & Society, 1985, 42(20): 166-190.

领行业进入低碳环保时代。另一边,同一母公司旗下的科沃斯品牌在家用机器人领域大展拳脚,顺利进军海外和线上市场,积累了大量的渠道资源和经验。2018 年,泰怡凯升级为添可。这个"站在巨人肩膀上"的年轻品牌,传承了母公司在家庭清洁行业深耕多年的基业,自然有底气剑指高端智能生活电器引领者。

(二) 带领中国智造走向国际的品牌愿景

2015 年,时任国务院总理李克强在《政府工作报告》中首次提出实施"中国制造 2025",坚持创新驱动、智能转型、强化基础、绿色发展,加快从制造大国转向制造强国。提升中国"智造"水平、全面提升产业技术水平和国际竞争力,也成为我国的重要发展战略。

在这样的大背景下,添可的品牌愿景应运而生,即以智能家电为载体,在国际市场中抓住机遇,不仅实现货卖全球,而且在全球消费者心中树立起中国品牌的良好形象,传递中国式的生活方式和优秀文化。这是一个充满民族自豪感和使命感的美好愿景。钱东奇没有把这个愿景止步于纸上谈兵,而是积极地付诸实践。

泰怡凯于 2017 年更新品牌理念为"生活白科技,居家小确幸";2018 年升级品牌名为添可,意在"为生活添加无限可能";2020 年升级品牌定位为高端智能生活电器,以"以智能科技创造梦想生活"为品牌使命,希望以智能科技创新为内核,打造智能家电行业内的独角兽企业。

多年来,添可在智能家居清洁类电器领域不断探索升级,并将智能生活电器延伸至个人护理、烹饪料理和健康生活品类,发明智能吹护机、智能眼部美容仪、智能美发梳、智能料理机和智能空气净化器,打造了一系列的高端智能产品家族。

2018年,基于技术和品牌的升级,添可进入海外市场,成为第一个代表"中国智造"走向世界、拥有自主知识产权的吸尘器企业。在国际市场中,品牌建设是我国制造业品牌面临的重大困境之一。工业和信息化部原部长、中国工业经济联合会会长李毅中曾提出:"我们的关键技术、核心技术掌握得不够,因此产品的品种、质量和服务都没有达到国际先进水平,质量上不来,品牌就形成不了。"添可创始人钱东奇也曾在采访中提到:"一个民族企业要走向世界的核心竞争力就是创新与核心技术。我国需要更多实力强大、有科技含量的企业诞生,这样才能在世界市场的竞争中占有一席之地。"

(三) 独特的品牌专长、品牌个性和品牌价值

1. 人机协同共创的品牌专长

作为科技创新公司,添可致力于技术研发与科技创新,拥有1 000多项专利技术和330多项发明专利;是国家吸尘器行业标准的制订单位,并参与国际吸尘器行业标准制定;是行业首批CNAS(中国合格评定国家认可委员会)授予"实验室认

第五章
用户价值传递：品牌共鸣

可证书"的公司；先后荣获国家重点高新技术企业、中国国际专利与名牌博览会金奖、中国家电艾普兰奖大众奖、中国国际高新技术成果展示奖、中国家电艾普兰奖科技创新奖等荣誉奖项，并在2017年成为中国航天事业合作伙伴，2020年入选新华社民族品牌工程。

在强大的技术支撑下，添可的产品创新始终走在行业前沿。以2019年推出的智能无线吸尘器飘万为例。该产品不仅以150 AW的超大吸力搭配100分钟的续航的强悍性能达到了行业头部标准，而且首次搭载环境识别（灰尘）智能传感系统，通过智能感应灰尘并自动调节吸力，彻底改变了传统功能型吸尘器需要手动调节吸力的操作方式，让清扫效果可视化、智能化，是行业未来发展方向的一次大胆尝试，为智能清洁家电行业的发展提供了新的技术思路。这款吸尘器不仅在国内大受好评，而且获得了海外用户的青睐，连续数年被世界权威评估机构——美国的《消费者报告》推荐为吸尘器类目榜首。

芙万系列洗地机系列上市后再次掀起了一阵热卖浪潮，不仅在中国市场的零售量超过一年100万台，添可亚马逊Prime Day的销售数据显示，智能洗地机在海外的销售数据也超过了吸尘器。添可又一次实现了"中国智造"在海外市场的逆袭。

近几年，添可已凭借其极致设计与创新实力，斩获世界三大设计大奖（德国红点奖、美国IDEA奖、德国iF设计）以及"2019中国设计红星奖""CES Best Innovation Awards 2020""2020艾普兰优秀产品奖"等国内外诸多大奖。添可高端智能生活电器引领者的地位已在国内外消费者的心中牢牢扎根。

2. 亲和而优雅的品牌个性

品牌个性是消费者认知中品牌所具有的人类人格特质①。当消费者与品牌建立关系时,往往会把品牌视作一个形象、一个伙伴或一个人,甚至会把自我的形象投射到品牌上。因此,塑造贴合消费者个性或期望个性的品牌个性,能让消费者对该品牌产生更强的偏好。

当被问及想要做中国的索尼还是松下时,钱东奇选择了后者。与市面上大部分强调酷炫、黑科技的高科技产品(如索尼、戴森)不同,添可希望突出体现自身产品的亲和力,旨在为消费者创造日常生活中简单的幸福感,也就是品牌理念中提到的"小确幸"。一方面,如果用"猛男"和"暖男"来类比,添可没有像"猛男秀肌肉"一样炫耀式地展现硬核技术,而更倾向于像"暖男"一样润物细无声地为用户带来贴心的生活体验提升;另一方面,添可定位精致人群,不论在产品性能上还是外观设计上,都希望呈现出优雅精致的质感。

3. 多维度共建的品牌价值

根据"谢斯-纽曼-格罗斯"消费价值模型②,品牌价值主

---

① 陆雄文.管理学大辞典[M].上海:上海辞书出版社,2013.
② Sheth, Newman, Gross. Why We Buy What We Buy: A Theory of Consumption Values[J]. Journal of Business Research, 1991, 22(2): 159-170.

第五章
用户价值传递：品牌共鸣

要包括功能价值、社会价值、情感价值、认知价值、条件价值五个维度。添可的功能价值是指其家电产品的功能属性能够满足消费者使用目的而具备的价值。添可的社会价值是指添可的产品为消费者实现了与家人、朋友的联结，创造了更好的家庭生活环境，从而产生的效用。添可的情感价值是指消费者通过使用添可产品而获得幸福感、归属感等情感体验的价值。添可的认知价值则指添可产品新颖有趣的设计激发了消费者的好奇心和新鲜感，从而产生的价值。

添可是行业内最早一批将用户的认知价值（Epistemic Value）作为品牌差异化竞争优势的智能家电品牌。从创立之初，钱东奇就将添可的产品定位为需要由消费者动手操作的智能化电器，为添可在用户认知价值创新方面提供了一个全新的创新窗口。添可致力于让消费者在使用机器过程中收获知识、收获乐趣还有成就感。芙万智能洗地机便是一台"会思考""能互动"的智能洗地机。使用时，芙万 2.0 LCD 机身上的 LCD 屏幕能够以动画的方式展现洗地机所剩的电量、目前正在使用的清洁模式、地面脏污程度以及清/污水桶状态等内容，实现了人机动态智能交互。食万智能料理机替用户完成了千篇一律的备菜和洗碗工作，唯独将具有独特体验感和创新空间的炒菜步骤留给用户自由发挥，并鼓励用户上传独家食谱。这样高质量的"人机协作"，极大限度地提升了添可产品的用户认知价值，让用户体验到便捷省力而又新奇有趣的"精致快生活"。

二、用户认知价值与添可的品牌资产

品牌资产(Brand Equity)是赋予产品或服务的附加价值。它反映在消费者对有关品牌的想法、感受以及行动的方式上,也反映在品牌所带来的价格、市场份额以及盈利能力上。

美国品牌管理权威戴维·阿克(David Aaker)[①]在品牌形象的基础上提出了品牌资产五要素模型,该模型包括五个维度:品牌认知度(Brand Awareness)、感知质量(Perceived Quality)、品牌联想度(Brand Associations)、品牌忠诚度(Brand Loyalty)和其他品牌专有资产(Other Proprietary Brand Assets)。1996年,戴维·阿克将五要素模型的五个维度细化为十个可以测量的指标,形成了品牌资产十要素模型:溢价能力、品牌满意度或忠诚度、感知质量、品牌领导性、感知价值、品牌个性、组织联想度、品牌认知度、市场份额、市场价格和销售覆盖率[②]。

(一)享誉全球的品牌认知度

科沃斯在扫地机器人领域有着非常高的知名度。添可作

---

① Aaker D A. Managing Brand Equity: Capitalizing on the Value of a Brand Name[M]. New York: Free Press, 1991.

② Aaker D A. Measuring Brand Equity Across Products and Markets[J]. California Management Review, 1996, 38(3): 102-120.

第五章
用户价值传递：品牌共鸣

为科沃斯的兄弟品牌，近年来也在国内外打响了名声。添可现在主要拥有家居清洁、个人护理、烹饪料理与健康生活四大智能品类，常年包揽美国、英国、德国、日本等亚马逊多个海外站点和美国沃尔玛地面清洁品类最畅销单品。2021年，智能洗地机芙万系列国内市场的线上市占率达到69.7%，并持续霸榜电商平台洗地机品类NO.1。

2022年9月，全球具有超高影响力的消费电子博览会——2022年柏林国际电子消费品展览会（IFA 2022）汇聚了全球46个国家的1 100多家参展商。添可作为"国货之光"的代表，携多款极具科技含量的新品入驻IFA 2022，向全球专业观众展示了"中国智造"的实力，输出"添可式"的生活方式，获得了全球消费者的高度认可。

（二）以独特认知价值为依托的感知质量

用户感知质量指的是消费者对某一品牌的内涵和价值认识和理解的程度。品牌认知度关系到消费者体验的深度，是消费者在长期接受品牌传播并使用品牌的产品和服务之后，逐渐形成的对品牌的认识。添可的产品凭借优秀的性能和体验，享有极高的用户感知质量。智能吸尘器飘万连续四年蝉联世界权威评估机构——美国的《消费者报告》推荐榜首（Best Stick Vacuums）。

上文提到的用户认知价值，是添可品牌用户感知质量的重要来源。随着泛娱乐时代的到来，当前消费者追求的不仅仅是消费本身,同时也追求消费所带来的体验感。特别是城市生活的快节奏,使得都市人群除商品消费外,更愿意为精神的愉悦和情绪的缓解支付更多的费用。① 因此,以添可为代表的智能小家电品牌应当尤其重视用户认知价值的塑造,通过新鲜有趣的体验设计,提升用户对品牌的认可。

(三) 自己动手创造梦想生活的品牌联想

品牌联想是消费者品牌知识体系中与品牌相关联的一切信息结点,包含消费者对特定品牌内涵的认知与理解。

添可以"智能科技创造梦想生活"为使命,致力于为全球家庭创造梦想生活。与添可同属于一个母公司旗下的科沃斯是家用服务机器人领域的佼佼者。二者在功能上看似相似,但有着迥然不同的品牌联想。正如钱东奇所说,科沃斯讲的是"懒人经济",添可做的是"精致人群经济"。前者完全以机器人代替人,节省人的劳动时间,其核心卖点是性能上的黑科技;后者更像是人脑和人手的延伸,通过人与机器互动的白科技,完成一些纯靠人力无法完成的任务,从而获得自己动手创造梦想生活的成就感。

---

① 美团研究院.2021年我国居民服务消费的若干新趋势[EB/OL].(2021-04-13)[2023-01-13].http://www.199it.com/archives/1230695.html.

第五章
用户价值传递：品牌共鸣

（四）助推用户融入的品牌忠诚度

通过单次品牌推广触及的用户未必会成为品牌的消费者，而单次购买的消费者也未必会成为品牌的忠实粉丝。添可深谙粉丝经营之道，时常在各大官方平台上发布互动话题和粉丝福利，维持品牌粉丝的活跃度和忠诚度。回顾添可2022年的"涨粉"之路，截至2022年12月底，添可官方公众号粉丝量由年初102 034增长至426 239，年度累积增粉324 205，上涨318%。抖音官方账号粉丝规模突破60万，增速同比2021年超300%。

添可的品牌忠诚度在其市场份额上也有着充分的体现。钱东奇曾放出豪言："在清洁领域，我们称之为三分天下。今天戴森是老大，科沃斯是老二，未来三年之内，添可肯定能把戴森拉到老三去。"芙万智能洗地机一经上市，便凭借其远胜于传统吸尘器的强大功能快速热销，极大地冲击了戴森的市场。奥维云网（AVC）监测的数据显示，2022年全年，添可在线上和线下的市场占有率均已超过戴森——2022年线上科沃斯、添可和石头占据清洁电器品类前三，销售额市场占有率分别为17.7%、16.4%和9.6%，科沃斯和添可两兄弟牢牢占据第一和第二名，戴森未入前三；2022年线下，添可市占达25.0%，超过戴森的23.0%两个百分点，与此同时兄弟品牌科沃斯占据第三，销售额市场占有率达到 21.5%,胜负已然清晰①。

(五)以领先专利支撑的品牌专有资产

截至 2022 年 11 月,添可在全球申请超千件专利,芙万系列洗地机共申请超 500 件专利,其中发明专利超 270 件。

添可曾先后受邀成为洗地机行业首个团体标准 T/CHEAA 0018—2021《家用和类似用途洗地机》及标准 T/CAS 551—2021《家用洗地机性能要求及等级评价》的起草单位,树立了添可在行业内的领军地位。

三、社交网络时代的品牌传播

随着全球信息的数字储存量于 2002 年超过非数字储存量,人类社会进入了数字时代(Hilbert et al.,2011)。信息技术在各个领域的迅速普及,使得人类社会的传播方式、生活方式和生产方式都发生了巨大的变革。近年来,社交网络已经成为数字世界的公共基础设施,并将在未来的 Web3.0 时代发挥更加重要的作用。数字营销研究者、奥美互动亚

---

① 奥维云网(AVC)线上线下监测的数据中,线上包括京东、天猫、国美、苏宁,线下包含大连锁、百货、商超、地方家电总计 12 000 多个网点数据。清洁电器包含:扫地机器人、洗地机、推杆吸尘器、立式吸尘器、除螨仪、桶式吸尘器、卧式吸尘器、布艺清洗机、擦窗机器人、电动拖把、蒸汽拖把、迷你吸尘器。取数时间为 2022 年 1—12 月。

第五章
用户价值传递：品牌共鸣

太区主席肯特·沃泰姆（Kent Wertime）认为，要将传统营销观转化为数字营销观，需要在计划、思考和方法等许多层面下功夫。

(一) 添可如何全渠道触达消费者

面对社交媒体移动市场的蓬勃发展，直播的崛起无疑推动了不同市场的社交格局变化。消费者转向视频优先的社交体验，为产品营销策划者和产品内容创作者带来新的发展空间。

2021年，添可的自播渠道从天猫、京东等传统电商渠道，扩展到兴趣电商渠道，并在"双11"的直播中实现天猫、京东、抖音等十几个渠道多面开花，预计整体直播时长将达到前一年的400%。

此外，添可在抖音、小红书、B站等内容平台也铺设了营销活动，通过精准化的广告投放，触及更多的潜在消费者。

在海外市场中，添可搭建了线上线下相结合的多层次销售网络，结合亚马逊DSP(Demand Side Platform，主动型展示广告)和OTT视频(在线视频)等广告形式，向消费者介绍产品的核心卖点。DSP的运作逻辑是根据用户过去12个月的搜索历史、浏览、购买行为等推测用户的行为习惯，进而通过大流量实现各阶段消费者的广泛触达。据悉，相比推广之前，添可在亚马逊官方旗舰店的流量增长了50%，为添可带来大量新用户的同时,帮助添可品牌在海外进一步扩大了品牌知名度。

添可在海外短视频平台 TikTok 上也广受关注,部分产品的使用视频点击量超过 100 万次,添可相关视频在 TikTok 平台的观看次数已超过 1.7 亿次。社交媒体的大规模传播在短时间内给添可带来大量的客流,出色的产品性能保证了优秀的消费者口碑,由此构成良性循环,助力添可实现海外业务的蓬勃发展。

品牌代言人也是品牌触达消费者的重要手段之一,尤其是在粉丝经济大行其道的今天,聘请流量明星作为品牌代言人已经成为许多品牌竞相追逐的致富之路。然而,添可对于品牌代言人依然保持着相对传统的认知,更加注重明星人设与品牌调性以及目标人群的适配程度。添可在品牌宣传时也不会过分强化品牌代言人的存在感,而是以产品为先,代言人会出席一些发布会、线下活动配合宣传。

(二)添可如何创造卓越品牌内容

在当今的移动互联网时代,目的性明显的硬性广告越来越难以触及消费者的心智,包裹在品牌内容营销中的软性广告则能够悄无声息地将品牌定位、品牌形象、品牌文化等品牌 DNA 渗透到消费者的内心,而不会引起抵触反感的情绪。

添可在品牌内容营销上着重传递自科技、"小确幸"的品

第五章
用户价值传递：品牌共鸣

牌文化，主张与"不明觉厉"的黑科技相对的温暖白科技。添可品牌总监徐开松这样解读添可白科技的含义："白科技是相对黑科技的一种科技表达，黑科技追求'不明觉厉'，酷炫，而白科技更多是展示科技为人的温暖一面。TA更贴近你的生活，洞察你生活中细微的需求，把科技隐藏在产品背后，TA总是能不经意地get你，让你体验到科技带来的便捷和简单。"

每逢二十四节气，添可都会在其官方社交账号发布与当前节气对应的食万智能料理机养生食谱，如小暑时的银耳莲子羹，立冬时的南瓜红枣小米粥等，将中国传统养生理念与现代科技相融合，传递温暖的人文关怀。父亲节、母亲节等节日到来时，添可也会发布相应的概念短片，以充满温情的内容触及大众内心的柔软角落。

每年春季和秋季的新品上新节点，添可也会开展一个月左右的整合营销，通过PGC（Professionally Generated Content，专业生成内容）的输出，与用户沟通新品的核心技术点、功能点以及创新之处。这些PGC内容一部分是由品牌内部的策划创意团队和视觉团队创造的，还有一部分会和外部公司合作推进。

近两年，添可在内容营销方面持续推广"日藏的小确幸"话题，邀请用户分享添可白科技为生活带来的美好变化。徐开松说："这个藏是隐藏的藏，就是日藏的小确幸，平时藏在你生活当中的'小确幸'，你稍微有点儿心，添可可以帮你去解决。用户会觉得特别温暖,特别有知我心的感觉。但它不会让你说教,这是我们目前通过内容和用户进行情感交流的时候比较坚持的一条线。"在当代人工作、学业压力大、内卷严重的社会现状下,"日藏的小确幸"的话题很能引起年轻人的共鸣,激发他们对内心宁静的渴望和对幸福生活的向往。话题自发布以来,吸引了小红书、抖音、微博等社交平台的大量用户持续输出PGC和UGC(用户生成内容),并通过PGC和UGC之间形成不断的交叉和激励,触发了越来越多用户内心的共情感受。

(三)添可如何导入场景营销

场景营销指的是借助空间、仪式和文化,设置特定场景,给予用户充分的物质和精神体验,触发用户对产品价值的认知,吸引用户完成消费,并使用户积极主动地参与品牌活动、品牌传播,进而引发新一轮的消费与传播[①]。

2022年卡塔尔世界杯期间,添可就针对深夜看球的场景展开了营销,提出"深夜美食随时享,宅家看球更尽兴"的口号,鼓励用户使用食万智能料理机自行制作夜宵。一句"等不及深夜外卖了,还好有世界杯特别许可证"的推广文案精准地捕捉了深夜外卖送单慢的痛点,引起了广大球迷的共鸣,添可

---

① 崔德乾,彭春雨.场景方法论:如何让你的产品畅销,又给用户超爽体验[M].北京:机械工业出版社,2019.

还将场景作为塑造品牌的手段,以场景促进品牌与消费者的沟通。在添可的沟通策略中,产品本身已经变为构成场景的主要要素,利用产品所形成的新场景为消费者的生活带来根本性变化。

2022年,添可重磅推出新品芙万Station,其核心卖点在于被誉为洗地机"空间站"的多功能清洁基站。这款清洁基站能够为洗地机完成"自动补水、自动排污、自动冲洗、离心风干、UV杀菌、自动无线充电、智能自清洁"等功能,就像太空中的空间站,是宇航员的"家",同时也为宇航员提供必要的补给和协助。支持总计多达八种功能。在2022年的抖音超品日中,添可与太古里裸眼3D大屏开展合作,打造新品芙万的创意场景,让消费者从洗地机与空间站对接等科技美感联想至太空空间站相关科技氛围,帮助消费者打破传统居家环境,为消费者的居家环境营造了一种浓浓的太空科技风,让消费者能够沉浸式地体验先进的清洁科技带来的全新生活体验。视频通过创意展现洗地机与空间站的对接,通过3D画面展示芙万Station的无线快充、自动补水、排污、冲洗、恒压活水清洁系统、离心风干以及滚刷UV紫外线杀菌等功能卖点,将产品的硬核科技以更酷炫的方式介绍给大众。

(四)添可如何建设品牌社区

品牌社区是以某种商品品牌或其某个具体型号产品的用

户群体为基础而构建的社区,即建立在使用某一品牌的消费者间的社会关系基础上的、专门化的、非地理意义上的社区。品牌社区以消费者对品牌的情感利益为联系纽带,突破了传统社区意义上的地理区域界限①。

怎么样进一步保持培育和客户的关系,与客户形成一种虚拟的良性互动,通过强烈的情感信息和个性化的营销建立消费者的品牌社区意识,是添可需要考虑的问题。

食万智能料理机的自主上传菜谱功能就是一种品牌社区行为,既提升了用户使用料理机烹饪美食的成就感,又增强了用户与品牌的情感联结。以此为灵感,添可或许可以在添可生活 APP 中进一步搭建起专属于添可用户的交流论坛,鼓励用户们分享添可白科技带来的生活方式,建立起互助互惠的生态圈。

上述便是移动互联网时代的新 4C 理论:在适合的场景(Context)下,针对特定的社群(Community),通过有传播力的内容(Content)或话题,通过社群网络中人与人连接(Connection)的裂变实现快速扩散与传播,从而获得有效的传播及价值(见图 5.1)②。添可品牌的成功传播,离不开对这四个要素的精准把握。

---

① 陆雄文.管理学大辞典[M].上海:上海辞书出版社,2013.
② 唐兴通.引爆社群:移动互联网时代的新 4C 法则[M].北京:机械工业出版社,2015.

图 5.1 移动互联网时代的新 4C 理论

四、智情合一：添可如何创造品牌共鸣

随着时代的发展和进步，民众的消费取向正在从物质消费品向精神消费品转变。QuestMobile 的调查结果表明，品牌通过对新中产群体的准确认知，链接情感共鸣，满足其精神层面的高层级需求，更能吸引关注度[①]。对于智能家电品牌

---

① QuestMobile. 2022 新中产报告：1.63 亿人消费发力，"90 后"占比达45.7%，"内容＋体验＋情感"的全营销变局如何破题[EB/OL].(2022-09-20)[2023-01-13].https：//www.questmobile.com.cn/research/report/1595681511545344002.

用户价值创新：
添可如何在红海中开创蓝海

而言更是如此。家是充满温情的场所，人们在家中使用智能家电产品时不仅有功能上的理性诉求，还有情感上的感性诉求。

产品的客观性能固然很重要，但在与消费者沟通时，添可更为关注使用产品的人会产生怎样的主观情感。"如果你仅告诉消费者电机是12万转，这跟打扫干净环境没有什么关联。你需要告诉消费者，产品能帮他用最人性化的方法解决问题。甚至消费者没有想过能解决的问题，也给解决了。我们还有一句话叫'居家小确幸'，所有技术虽然看起来没有那么酷炫，背后都隐藏着解决方案，但这不值得我们在消费者面前炫耀。"钱东奇说。

（一）智情合一：用品牌专长赢得用户信任

添可希望消费者在使用添可产品时，既对产品优秀的效能感到满意，又能产生良好的操作体验，感觉产品就像自己双手和大脑的延伸，从而获得成就感，在理智和情感的交融下实现品牌共鸣。这就要求添可一方面以智能为研发创新方向，另一方面持续用科技为用户带来"居家生活小确幸"的温暖体验。"如何拉近我们和机器、消费者的距离，在我们自己的语境下面培养用户心智，这是添可的核心。"添可工业设计总监何吾佳这样说道。

智能无线吸尘器飘万的研发理念便是智情合一的体现。

2019年3月，添可在上海发布智能无线吸尘器飘万。这

第五章
用户价值传递：品牌共鸣

是一台"会思考"的智能吸尘器，首次搭载环境识别（灰尘）智能传感系统。这一"识别、感知、反馈、呈现"的智能除尘方式，彻底改变了传统功能型吸尘器需要手动调节吸力的操作模式。

在外观设计上，添可希望结合规律性的美感和亲和力的温度，并力图追求完美。钱东奇对员工们提出要以高标准要求自己，不放过任何一个有待完善的小细节。在第一版飘万产品中，手握处有一个隐藏螺丝的小洞。这个看似无伤大雅的小瑕疵，却被钱东奇严厉地予以否决。钱东奇认为，定位高端市场的添可必须考虑到高端消费者对细节和品质的追求。在优雅、自然、有机的线条里面，添可希望传递给消费者一个严谨的、科技的、智能的和高级的品牌印象。

飘万主机上有一块圆形 LED 显示屏，屏幕上会以一个红蓝圆环的实时变化显示被清洁区域的清洁程度。在产品设计时，钱东奇提出红蓝环的颜色变化不应当是突然从全红变成全蓝，而应当是由红色慢慢过渡到蓝色的渐变模式，因为颜色的渐变能让用户感受到灰尘被一点点吸走的过程，给用户带来清扫的成就感。诸如此类的"居家生活小确幸"，帮助添可塑造了产品和消费者之间的情感联结关系，实现了用户在理智和情感上的双重满足。

食万智能料理机的设计同样考虑到理智和情感的结合。钱东奇敏锐地洞察到，使用智能料理机的用户追求的核心价值是"精致快生活"。市面上的许多智能料理机虽然在一定程度上节省了用户烹饪的时间和精力,但也剥夺了消费者在炒菜环节创造性劳动的乐趣,虽然"快"但不"精致"。添可基于这个思路研发的食万智能料理机,在买菜、洗菜、洗碗等环节为用户代劳,而把炒菜的环节留给了用户自行操作,既实现了当代人对"快生活"的追求,又保留了亲自下厨的成就感。此外,添可还和浙江工商大学共建了美味数字化研究院,开展了关于中餐标准化的基础研究,并将研究结果以数字化的方式呈现在食万智能料理机和食万净菜供应体系中,真正做到了对一日三餐的"精致"追求。

(二)智情相融:达成品牌共鸣效应

美国著名的品牌管理学者凯勒(Kevin L. Keller)于1993年提出的"基于消费者视角的品牌资产"(Customer-based Brand Equity)模型,简称CBBE模型[1]。与戴维·阿克的十要素模型相比,CBBE模型更偏向于消费者对品牌的感知。在此基础上,凯勒又构建了品牌资产的六个维度:品牌区分度、品牌绩效、品牌形象、品牌判断、品牌情感和品牌共鸣;并将品牌与消费者的关系按程度划分为四个层级,对应品牌发展的阶段:建立品牌识别、创造品牌内涵、引导正确品牌反

---

[1] Keller K L. Conceptualizing, Measuring, and Managing Customer-Based Brand Equity[J]. Journal of Marketing, 1993, 57(1): 1-22.

第五章

用户价值传递：品牌共鸣

应、建立合适的消费者-品牌关系。该模型也被称为品牌共鸣模型(Brand Resonance Model)或品牌金字塔模型(CBBE Pyramid)①。

品牌共鸣模型为添可展示了从牢固的品牌认同基础向上发展到品牌共鸣的两条路径："品牌区分度—品牌绩效—品牌判断—品牌共鸣"的理智路径；"品牌区分度—品牌形象—品牌情感—品牌共鸣"的情感路径，两条路径缺一不可。

打造品牌的首要任务是打造品牌的区分度，为品牌赋予与众不同的特质，让消费者能从众多的品牌中识别出你的品牌，在讨论同类产品时优先提及你的品牌，在作同类产品的购买决策时能优先想起你的品牌。添可区别于其他智能家电品牌最显著的特征在于它主打白科技，并且善于洞察消费者的核心价值，打造独特的用户认知价值，在家电行业的红海中开创出一片蓝海。

成功打造标志性的品牌识别后，添可就需要着手理智和情感这两条路径的发展。理智路径上，集团多年来深耕家庭清洁行业，积累下深厚的技术优势：集团拥有全球超千项专利技术，其中发明专利超过300项；成为国家吸尘器行业标准的制订单位，并参与国际吸尘器行业标准制订；拥有国家认定的实验室等，足以支撑添可实现良好的品牌绩效(指品牌的物

---

① Keller K L. Building customer-based brand equity[J]. Marketing Management, 2001, 10(2): 14-19.

理属性层面),从而造就积极的品牌判断(指消费者基于品牌绩效对品牌产生的理性看法)。目前,添可在100多个国家和地区热销,蝉联权威推荐榜榜首,并包揽国际设计大奖,获得了广大消费者和专业人士的认可,"中国智造佼佼者"的品牌身份深入人心。

鉴于社会环境的复杂多变以及智能家电行业的激烈竞争,添可仅在理智判断上占据优势是不够的。添可品牌尚处于发展初期,随时有可能被虎视眈眈的竞争对手抢夺市场。因此,添可还需要在情感路径上与用户建立起更牢固的羁绊,化被动为主动,塑造优质的品牌形象(指品牌的心理属性层面),从而培养积极的品牌情感(指消费者基于品牌形象对品牌产生的感性看法)。近年来,随着国货热潮的兴起,各大国货品牌竞相通过新产品、新设计、新品质向全世界展现中国的文化自信。添可品牌"带领中国智造走向国际"的愿景也为它的品牌形象注入了民族使命感,打造了有温度、有情怀的大众印象。添可主打的"居家小确幸"概念,旨在通过贴心温暖的设计,给用户带来愉悦、幸福、满足、依恋的感受,传递浓浓的情感关怀。

在情感路径和理智路径的双重支撑作用下,添可最终希望实现品牌发展的最高级目标——品牌共鸣,即与消费者缔结品牌关系,让消费者对品牌产生像对朋友、家人一样的依赖感、归属感。一方面,消费者在情感上产生对品牌的依恋,甚至达到至爱的程度;另一方面,消费者在行为上体现出极高的

第五章
用户价值传递：品牌共鸣

忠诚度,反复购买品牌的产品,主动参与到品牌传播和推广中。添可品牌的发展阶段和品牌共鸣如图 5.2 所示。

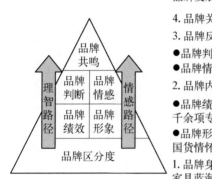

品牌发展阶段

4. 品牌关系：智情合一的品牌共鸣
3. 品牌反应：
● 品牌判断："全球热销、行业大奖肯定
● 品牌情感："居家小确幸"、归属感
2. 品牌内涵：
● 品牌绩效：经验丰富,技术过硬,持有千余项专利
● 品牌形象："中国智造"佼佼者,兼具国货情怀和对消费者的情感关怀
1. 品牌身份：主打白科技,开辟智能家具蓝海。

图 5.2　添可品牌的发展阶段和品牌共鸣

添可的芙万系列洗地机面对近百个品牌竞争对手,始终占据 60%—70% 市场占有率,这一"添可现象",依靠的便是理智和情感双路径下的品牌共鸣。一方面,添可始终保持"上市一代、研发一代、储备一代"的节奏,保证产品科技不断进步,走在行业前列。截至 2022 年年底,芙万系列已拥有 107 项专利,其中,发明专利 64 项,研发投入可见一斑。另一方面,添可始终着眼于消费者的生活需求痛点。芙万系列产品设计兼顾清洁力与使用感,为用户带来幸福的使用体验,用户甘当"自来水"进行推广,复购更是普遍现象。如今,芙万已经成了洗地机的代名词,"洗地机＝添可芙万"的认知已经植入众多消费者的心智,芙万作为一个"超级符号",代表着其在洗地机领域里品牌综合实力和先进的科技含量。

从2019年发布的"会思考"的智能吸尘器飘万,2020年发布的"会思考"的智能吹风机摩万、"会思考"的智能洗地机芙万,到2021年发布的"会思考"的智能料理机食万,添可始终以智能为研发创新方向,对品类进行挖掘、拓展。以芙万系列的成功为蓝本,添可未来也应当坚持以人为主线,在坚持技术研发的同时,重视对用户的情感关怀,给大众提供能够直抵人心的有价值、有温度、有情感的产品,争取在家居清洁、个人护理、烹饪料理和健康生活四大智能品类产生"添可现象"。

> **管理探析**
>
> 当今商业环境下,品牌作为商品综合品质的体现和代表,已然成为用户价值传递的媒介。依靠单一商品单打独斗的发展路径,是无法在复杂多变的市场上长久立足的。唯有沉淀下来重视品牌建设,从理智和情感追求智情合一的品牌共鸣,才是企业发展的长久之计。添可以用户认知价值为核心造就品牌共鸣的策略,值得众多企业学习借鉴。

第六章
敏捷营销战略：添可如何应对不确定性时代的消费者需求变化

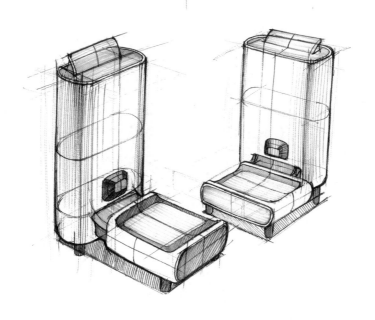

扫码观看视频课堂

我们生活在一个不断发展变化的时代,企业营销的环境发生了极其深刻的变化,这无疑对企业的营销战略提出新的挑战。企业如果想在激烈的市场环境中生存下来,就必须在营销模式上进行创新,敏捷营销战略的提出,则很好地满足了这一需求。

敏捷营销模式可以提高企业对市场的反应能力,更加准确高效地追踪、监控和预测外部营销环境的变化。敏捷营销战略也使得整个组织机构及其各项功能更富柔性和针对性,在实际运营过程中,有效地趋利避害,实施合理的营销战略,灵活迅速地开展相应的营销活动,从而更准确地满足消费者的需求,进而使企业在激烈的市场竞争环境中占据有利地位[1]。

---

[1] 单蕾,王贤锋,朱依曦.中小企业敏捷营销模式创新[J].商场现代化,2021,(16):68-70.

用户价值创新：
添可如何在红海中开创蓝海

一、对需求的敏捷洞察

敏捷性营销管理模式是以用户为前提，满足用户需求为宗旨的营销模式。因此，在敏捷营销战略的实施中，基础是洞察消费者的需求。添可始终把用户放在首位，和消费者的"双向奔赴"是添可品牌的特有色彩。至今，添可已有5年的发展历程，成长为一家为众多人熟知的国际化品牌，但始终未变的是坚持以用户为中心驱动持续创新的能力。对于添可来说，创新的第一步是了解用户需求。对于C端的观察可以分为市场研究和用户反馈两个方向，首先是从已知的市场需求出发，通过对市场主动调研的结构来研发创新、设计产品；其次是倾听第一批消费者的声音，在反馈中提高产品样貌，进行产品迭代升级，在这样双向的过程中添可逐渐拉近了产品和消费者的距离，也让添可品牌走进了消费者的内心。

在添可品牌的发展历程中，可以看到其在C端洞察上的不断进步和取得的成绩，比如，飘万系列吸尘器已经连续四年荣膺世界权威评估机构《消费者报告》推荐榜首；芙万智能洗地机则带动了消费者对新品类的热情；那么对食万、摩万等新产品来说，就得更先于市场的需求了。在钱东奇看来，消费者的需求永远都是第一位的，不管是什么样的技术领先，都绕不开消费者的本质选择；而创新的真正发动机是——"今天大时代当中是有很多科技机会来解决消费者痛点的。"

第六章
敏捷营销战略：添可如何应对不确定性时代的消费者需求变化

正如添可工业设计总监何吾佳在专访中所提到的，理解用户的现有需求，发现新的场景是作为添可工业设计师必备的素质。这具体可以归纳为两个词：一个是同理心；另一个则是好奇心，它们都反映了对消费者需求的敏捷洞察。其中，同理心要求企业设计人员更多地站在用户的角度思考问题，甚至成为用户的朋友，平等且真诚地与他们进行交流，这样才能快速抓到用户的痛点，找到用户真正的需求。添可在清洁电器的定位上，并没有从过去十几年来欧美国家既有的视角去洞察用户需求，而是立足中国这样的新兴市场，敏捷洞察目标用户的需求——当代中国用户对清洁电器的认知已经从廉价的、工具感的工具转变为智能的、科技化的工具。

添可产品在迭代更新的过程中，无不体现着其对市场中不断变化的需求的敏捷洞察。

（一）芙万：快速推新占据优势地位

在洗地机系列产品中，添可作为行业领跑者，始终坚持洞察用户的新需求，不断进行产品升级，通过快速推新牢牢占据优势地位。添可 2020 年发布芙万 1.0 智能洗地机产品爆卖后，2021 年即推出全面升级更加全能的智能洗地机芙万 2.0 和从地面到全屋的芙万 Slim。其中，芙万 2.0 有 LCD 款和 LED 款，清水箱及污水箱容量进一步提升且 LCD 款增加电解水杀菌功能，Slim 则侧重轻巧便捷（见图 6.1）。添可洗地机产品迭代升级迅速,足以验证添可对消费者需求洞察和满足用户需求的实力。

产品端:添可快速推新占据优势地位

继添可2020年发布芙万洗地机产品爆卖后,2021年添可持续对产品进行升级,在优质赛道上做好的产品打动消费者,对产品核心技术进行迭代升级,推出"全面升级更全能"的智能洗地机芙万2.0和"从地面到全屋"的芙万Slim,其中芙万2.0有LCD款和LED款,清水箱及污水箱容量进一步提升且LCD款增加电解水杀菌功能,而Slim则侧重轻巧便捷,添可洗地机产品迭代升级迅速,足以验证添可对消费者需求洞察和满足用户需求的实力。

添可2020年产品及2021年新品对比

型号	添可 FLOOR ONE	添可 FLOOR ONE 2.0 (LED)	添可 FLOOR ONE 2.0 (LCD)	添可 FLOOR ONE Slim
水箱容积	污水箱500ml+清水箱600ml	污水箱720ml+清水箱800ml	污水箱720ml+清水箱800ml	污水箱450ml+清水箱500ml
使用场景	地面	地面	地面	全屋
机身净重	4.5kg	4.5kg	4.5kg	3.8kg
边缘清洁	死角有限制	创新地刷贴边设计	创新地刷贴边设计	创新地刷贴边设计
银离子抗菌材质	否	是	是	是
电解水杀菌	否	否	是	否

图 6.1 芙万系列产品功能对比

资料来源:京东、海通证券研究所。

添可当家产品洗地机系列中的芙万 Station 的创新,则是对用户体验追求的最佳回应。2021 年,添可 CL2125 项目研发团队牢记"以智能科技创造梦想生活"的使命,开创性地提出了"洗地机空间站"的全新概念,行业首创的自动上下水概念将使洗地机真正做到"拿起就能用,放下就不用管"。但这一全新的产品概念和场景也给团队带来了全新的挑战,其中,如何充电成了项目的一大技术难点。产品整体性设计和防水设计难度都大大增加,一方面,外观上由于结构限制较多,很

第六章

敏捷营销战略：添可如何应对不确定性时代的消费者需求变化

难做到美观；另一方面，功能上存在长时间使用后解除片氧化导致接触不良、无法充电等问题，这都将影响用户体验。添可作为一家始终把用户需求及用户体验放在首位的企业，从手机行业的无线充电中找到了灵感，团队想到了应用非接触式无线充电的方法来解决这项难题，从根本上解决了用户的痛点。这也是无线充电方式在智能家电行业的首次应用，随之也就空间站大功率长时间充电、高电压运行等场景需求对无线充电提出了不同的技术要求。基于此，添可智控团队双管齐下，自我开放和供应商开发同步进行，最终在团队的共同努力下，成功实现了针对洗地机场景的全部功能，确保了产品的顺利量产，开创了无线充电技术在洗地机行业上应用的先河，引领了洗地机行业的充电技术方案。添可提出的全新的自动上下水的产品概念和场景促使芙万Station改进充电问题，这是对用户需求和体验的敏捷回应。

当下人们对深度清洁的需求日益增长，除了电解水除菌这种化学方式外，高温蒸汽也是很多人居家清洁的首选。在推出芙万Station，将洗地机行业从智能带入智能空间站后，添可从高温蒸汽清洁除菌的用户需求出发，上新芙万Steam2.0，凭借超临界·纯蒸"气"技术、恒压活水清洁系统、水路过滤系统三大标准，为一直处于无序发展状态的蒸汽洗地机提供了参考标准，将引领这一细分领域健康发展。

可以想象，当洗地机加入了蒸汽这一新元素，在满足消费者对深度清洁需求的同时，消费者也一定会提出他们在高温

用户价值创新：
添可如何在红海中开创蓝海

蒸汽清洁方面所关心的问题：蒸汽的温度是否足够？喷出的水汽是否能高效回收并不留水渍？受水质的影响，长期使用机身内部是否会因为附着水垢而影响使用效果和寿命？

添可用实际行动和极致的产品完美地答复了消费者就产品体验方面提出的核心问题，这也正是芙万 Steam2.0 三大标准存在的价值。芙万 Steam2.0 采用独家超临界·纯蒸"气"技术，在达到 100℃形成水汽混合物的状态下还能持续加热，突破水汽临界点，将温度提升至 140℃的绝对高温，并形成纯蒸"气"，在出气口位置的温度高达 99℃以上；再通过近地喷蒸结构将这样的纯蒸"气"直接作用于地面，可以减少热量传递中的损耗，同时除菌率、杀菌率均高达 99.9%，也没有水渍残留的烦恼。

一般的蒸汽洗地机采用普通锅炉加热技术，并将蒸汽喷到滚刷上再清洁地面，蒸汽在锅炉内产生时也只有 100℃的临界值，仍是水汽混合物，并不能实现理想的杀菌、除渍效果。当水汽热能到达出气口时温度已经降到不足 80℃，再从滚刷到地面，热流失进一步加剧，最后就变成了温水洗地，不仅容易造成水渍残留，杀菌、去渍的效果都要大打折扣，反而增加滋生细菌的风险。

此外，芙万 Steam2.0 配备了添可的核心黑科技——恒压活水清洁系统，清洁地面时会智能喷水匀水、活水洗地、挤拧压滚刷污水、污水回收，1 分钟就能实现 450 次的地面活水蒸洗。这一技术不仅能避免脏滚刷对地面的二次污染，通过加入超临界·纯蒸"气"技术,清洁力更强,除菌效果更佳。

自清洁时,芙万 Steam2.0 不仅会刮洗拧挤滚刷近 2 000 次,而且还拥有蒸汽杀菌功能,让滚刷及管道更干净,随后还会对滚刷进行离心风干,进一步回收滚刷中残留的水分,也能有效地避免细菌扩散造成空气的二次污染,让滚刷焕然如新的同时保障全家的健康。

最后,蒸汽洗地机不同于其他类型洗地机,蒸汽作为独有的清洁方式,若不对水质进行优化,长期使用产生的水垢会在机身内部零件附着,从而影响蒸汽的产生与输送。芙万Steam2.0 拥有水路过滤系统,能够优化水质,软硬兼施地实现双重除水垢,为保持蒸汽持久高效的输送和清洁效果提供双保险,大幅提升产品的使用周期。

添可快速回应了消费者对高温蒸汽清洁的需求,还在蒸汽洗地机行业一马当先。对消费者需求的敏捷洞察,使得添可赢在了起跑线,这也将进一步提升其在市场中的竞争力,成为更多消费者的不二选择。

(二)食万:洞察需求打造精致快生活

在洗地机系列产品之外,自 2021 年 1 月至今,添可食万系列产品已经迭代 3 次,其过程也体现了添可对消费者需求的洞察和敏捷反应。

2021 年 1 月,添可推出食万 1.0 系列产品,并定位为让消费者可以轻松"在家当大厨"。在这一代产品中,添可将美味

用户价值创新：
添可如何在红海中开创蓝海

放在首位，秉持着让美味变得科学和数字化的理念，以及让美味走进用户家庭的产品愿景。但在添可食万1.0的研发过程中，由于对消费者的需求洞察并不到位，消费者在产品实际使用过程中的体验不佳，原料的称重、洗菜备菜以及餐具在使用前后的清洗工作都大大耗费着消费者的时间。如今，人们生活在快节奏的时代，消费者在做饭的过程中并不愿意将时间耗费在上述相对烦琐的工序中。由于对行业和用户的理解不够到位，没有洞察出目标消费群的真正需求，在产品使用过程中也没有给消费者提供足够的便利，因此，食万1.0系列产品并未取得预想中的成绩。

此时，添可从消费者的吐槽中得到了最真实的需求反馈，即在快节奏的生活下，用户买菜备菜的时间被大大压缩，在此情形下，还要运用食万精准投料才能制作成菜，无疑会带来负面的用户体验。加之，在这样一个时代当中，外卖、预制菜、净菜是用户越来越希望能买到的产品，也就预示着快生活必然是今后的发展大趋势。而后，食万项目开发团队总结教训并迅速作出调整：首先，在今天的快节奏的情况下，用户不愿意或没有精力把大量的时间花费在厨房，也正因如此，相对烦琐的制作步骤使得食万1.0没有取得消费者的青睐；其次，添可认为消费者群体并没有完全放弃对生活质量的追求，至少隐形需求是存在的。在解决用户餐饮的问题上，如果添可可以做到制作步骤简洁明了且食物美味，用户就会坚定地选择；如果无法做到，消费者就会选择外卖、预制菜、零食等解决一日

第六章
敏捷营销战略：添可如何应对不确定性时代的消费者需求变化

三餐。

最终，添可精准地定位用户痛点——简单、快、好吃，食万 3.0 应运而生。作为一台"会思考"的智能料理机，食万 3.0 系列不仅可以帮忙搞定煎炒烹炸，连备菜和洗锅的问题都一并解决。食万净菜首次在料理机领域解决了备菜难的问题，只需将外包装一撕一倒，就可以坐等美味上桌，这也是食万生态体系能够真正被消费者认可的关键因素。食万 3.0 系列做到了即使是刚下厨房的"小白"也能手到擒来，真正实现"营养美味餐餐有，悠享下厨好食光"，给当代年轻人的精致快生活更多的确定性。

二、对市场的快速响应

在这个瞬息万变的时代，对变化或趋势的快速反应非常重要。在敏捷营销战略的实施过程中，对消费者需求进行洞察后，还应及时感知市场变化，敏捷反馈。全球化和万物互联要求企业对新的发展作出即时反应。使用敏捷的营销策略，品牌可以对突发趋势（例如在社交媒体上发生的）作出反应并将其整合到他们的营销活动中。

（一）产品持续升级迭代响应市场

从添可的产品迭代中不难看出，其随用户需求变化而不断改进产品，用与时俱进的方式来落地，为用户提供他们内在的价值需求。根据市场的变化调整企业到达用户的方式以及和用户的交互方式。例如,就初代产品而言,初期的市场只需要他们作为工具为用户完成单一功能的工作,比如洗地机只需要完成洗地即可。但随着科技的不断进步,商品社会形态也因此而变。市场上不再满足于单一的工具性功能供给,一些额外的体验价值和个性化需求的满足感对于用户而言更重要了,随着大数据、云计算、移动互联网、物联网和人工智能等信息技术的发展和成熟,市场对洗地机的期望和需求进一步提升,除了完成某项特定的功能外,洗地机还要更全面多样的功能设计和更多变灵活的使用场景,以满足不同消费者的需求。例如,全面升级更全能的智能洗地机芙万 2.0,从地面到全屋的芙万 Slim 和采用全新超临界·纯蒸"气"技术的芙万 Steam2.0。因为这些都是从用户的基本需求的满足来谈的,也是市场未来的发展趋势,这无疑更考验企业对市场的响应速度。

从最初的 1.0,到后来的 2.0,再到如今的 3.0 及芙万空间站,芙万不断实现自我超越。升级后的芙万 2.0 加入电解水杀菌功能,增大了水箱,让续航更长,同时解决墙边死角的清洁难题。作为"内卷之王",添可从未停止自我颠覆,芙万 3.0 将单向驱动升级为智能双驱,能预判前进方向,来回推拉"真省力";续航时间提升至 40 分钟,不断电不换水实现"真续航"。同时在细节之处进一步打磨,双贴边清洁更彻底,常温离心风干技术拒绝空气二次污染,电解水效率提升 40%,除菌率达到 99.9%,实现深度"真清洁"。芙万空间站则通过引入基站,集自动补水、自动排污、自动冲洗、智能自清洁、离心速干、滚刷 UV 杀菌、自动无线充电和精致收纳为一体,真正解决了洗地过程中加水、倒污、清洗等难题,实现了"拿起直接用,放回不用管"。芙万 Station 开启了区别于前三代的新纪元,是洗地机行业又一次革命性的产品进展,是一种高端前卫的清洁理念(见图 6.2)。

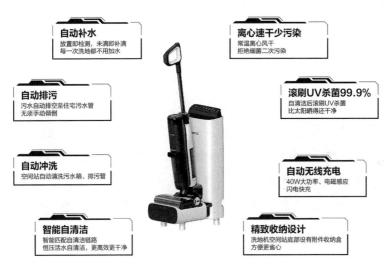

图 6.2 洗地机空间站的核心卖点

资料来源:添可公司内部资料。

钱东奇认为,就快速商业的发展和市场环境变化而言,应做到"不忘初心,内外兼修,与时俱进,方得始终"。企业不忘初心的良好意愿必须用内外兼修和与时俱进的方式来落地,方可如心所愿。无论是产品还是服务,包括企业的商业模式转型,都必须看清未来的发展方向并对应调整。要"独上高楼,望尽天涯路",不要只拘泥于眼前。虽然有些观点和理念初期不能被理解,有点孤独,可是"生活不止眼前的苟且,还有诗和远方的田野"。

(二)全渠道营销响应市场

在添可品牌的发展过程中,在诸多关键节点上,都是通过快速响应市场来获取市场份额的。

在信息技术和消费者需求推动下的全渠道销售时代已经来临,如今无论是整个社会、企业还是个体消费者,都身处全渠道时代。全渠道发展作为零售企业发展的一大趋势,众多品牌相继在走向全渠道的路上探索。全渠道营销以用户体验、用户互动为核心,通过多渠道(当下主要为实体门店+平台电商+社交电商)与用户进行互动,满足消费者随时、随地、随心购物的需要并提供无差异的购物体验,以最大限度地提高用户体验的满意度。

> **管理探析**
>
> 在快速响应市场的过程中,除了产品本身要好,质量要过硬之外,添可在渠道和营销上要思路清晰,步步为营。渠道和营销是不可忽视的两个关键点,窗口期的时机非常重要。一个品牌、一家企业如何迅速找到战场,要通过渠道;

第六章
敏捷营销战略：添可如何应对不确定性时代的消费者需求变化

> 而如何在战场里面迅速让目标客户或竞争对手了解自己的产品，则要通过营销。营销的点要通过对用户心智的精准定位（对需求的敏捷洞察）来实现。

添可最早的发力点是在智能吸尘器领域，推出了飘万。但这次尝试并没有成功，失败的核心原因在于，在智能吸尘器这个消费体验的赛道里已有戴森的存在，它是大多数消费者在购买智能吸尘器时的优先选择。但添可并没有停下脚步，就市场给予飘万的表现迅速进行反思：除了吸尘之外，中国的老百姓需求痛点还有哪些？在差异化的思考中，添可发现了市场上吸尘之外的洗拖地需求，同时，在这个领域中，一些国外的品牌虽早已入驻，但并未真正俘获消费者的内心，没有将消费体验做到极致。此时，添可洗地机发布会一鸣惊人，市场反应热烈，这给了添可极大的信心和进一步发展的动力。

在添可进入洗地机赛道后，迅速响应市场。一方面，添可从上市以来就做了一个全渠道的用户心智占领，包括官媒的宣传、公关活动、小红书种草，还有抖音直播，所有渠道打同一个点，就是要把"扫拖一次完成"这个概念打出去，让大家知道有这么一个家庭清洁的"新物种"。从前期"爱干净，就洗地"，到后来的"要洗地，选添可"，添可就是用这种"简单粗暴"的方式，把添可品牌和洗地这个概念绑在一起，使其成为用户对洗地需求的首选方案。当把用户的认知全部聚焦起来后，渠道和营销再一轮一轮地助推上去。

(三) 新零售模式响应市场

随着世界变化的速度越来越快,营销也必须变得更加敏捷。如果一家企业想通过前沿且具创造性的营销活动引起轰动,敏捷策略是不二选择。特别是线上营销,让营销人员有机会迅速采取行动,是运用敏捷策略的理想领域。

针对这种较新的零售模式,添可也关注到"618 购物节"和"双 11"等消费新场景,通过提前几个月准备方案应对平台方推出的线上线下消费新节奏。基于对市场的快速响应,在近几年的大促购物节中,添可都交出了满意的答卷。自 2020 年 4 月起,添可即开始对当年度的"618 购物节"进行预热,如前所述,通过全渠道的营销,将用户的认知全部聚焦到"爱干净,就洗地;要洗地,选添可"这一点上来,在"618 购物节"之后的几个月后,又持续对这一营销热点进行助推,直到 2020 年"双 11"的到来,最终线上线下所有渠道统计下来,相比于去年同比增长超过 40 倍,线上渠道增长超过 50 倍。到了 2022 年"618 购物节",添可的全渠道成交额超过 12 亿元,同比增长 40%,全网 10 分钟成交额破 1 亿元。而在同年"双 11"购物节,全网成交额突破 1 亿元仅花了 3 分钟。

添可通过全渠道营销战略和新痛点新赛道的快速转弯,迅速响应市场,因而获得成功。与此同时,添可也在不断突破行业边际,结合市场需求,将智能产品矩阵拓展到智能家居清

第六章
敏捷营销战略：添可如何应对不确定性时代的消费者需求变化

洁、智能烹饪料理、智能个人护理、智能健康生活等丰富的场景，开辟了多品牌、全渠道发展的新格局，为智能家居生活增添了无限的科技色彩。通过市场细分战略，添可在家居环境、美食、个护、健康等不同领域发展了不同的品类。例如，在美食领域，添可推出了能帮助用户快速、简单、健康地制作美食的食万智能料理机；在个护领域，推出秀万（美发梳）、娇万（眼部美容仪）等系列产品。

> **管理探析**
>
> 在灵动迭代时期，在错综复杂、变化多端的需求环境和竞争环境中，企业对市场快速变化的响应能力是未来的核心竞争力，响应变化优先于遵循计划，企业只有不断改进、不断创新，才能适应市场的快速变化。

三、对生产的柔性供应

添可在应对不确定时代的消费者需求变化的过程中，从小步快跑的敏捷营销战略角度出发，以消费者需求的洞察为基础，以对市场快速变化的响应能力为核心竞争力，通过柔性供应链更快、更灵活地适应市场新趋势。

柔性理论始于20世纪30年代的管理学领域，20世纪80年代后企业环境的不稳定性日益凸显，柔性管理成为企业界和学术界关注的焦点。何为柔性供应链？柔性供应链是指具备对用户需求作出反应能力的供应链。通过增强供应链的柔性能力，可以提升网络效能，使企业经济而灵活地响应环境变化，从而增强自身对复杂动态环境的适应性[①]。在柔性供应链方面，成绩较为突出的代表企业是服装销售领域的 ZARA 和 SHEIN。ZARA 将快做到了极致，从 20 世纪 80 年代末开始，花了几十年打造了一套柔性供应链，通过少量现货、快速反馈、火速追单的模式，ZARA 的供应链可以及时地调整产量，处理缺货和积压的问题，ZARA 选择把快做到极致，满足品类多，但在价格上绝对不算便宜。SHEIN 则同时满足了价格便宜、快和品类多，依托互联网时代，SHEIN 用独特的管理方式和珠三角的服装产业的优势结合，不仅打造出一条远胜于 ZARA 的柔性供应链，还更具成本优势。同时，随着现代信息技术的快速发展，信息化、技术化在现代供应链中的应用逐渐落地，数字化、网络化、智能化成为现代供应链的显著特征，SHEIN 也正在从一家传统的服装企业向科技行业的方向滑去。添可则更像智能家居领域的 ZARA，在产品迭代中，遵循"少量、多款、快速"的原则，产业链完整并且可控，颇具柔性。

（一）跨部门合作实现对生产的柔性供应

添可的业务是垂直整合的，这在行业中鲜少见到。从研

---

① 孙德芝,丁婉君.柔性能力视角下内部控制运行模式研究[J].会计之友,2022(12)：61-67.

第六章
敏捷营销战略：添可如何应对不确定性时代的消费者需求变化

发到制造、到市场，整个链条完完全全被打通。面对宏观市场行情的波动，添可的柔性供应链管理体系也可做到快速响应。最近三年由于新冠疫情的影响，外加2020年年底汹涌而来的半导体芯片缺货，2021年年底锂电池材料的10倍涨价，以及大宗原料价格过山车般的行情，如此种种对于供应链来说都是绝对的大考。添可供应链通过建立行情预测—行情监督—战略决策管理的机制，及时有效地进行战略物料的有效预判和政策备料、双元供应链的认证，有效地管控了供应链风险，通过快速响应行情波动，消除对成本和交付的影响。为构建敏捷的供应链管理体系，提高对市场的反应和服务水平，升级了SRM（Supplier Relationship Management，供应商关系管理）、WMS（Warehouse Management System，仓库管理系统），打通了SAP（System Applications and Products，企业管理解决方案）、MES（Manufacturing Execution System，生产制造执行系统），WMS、SRM与营销中台加强了流程集成和数据共享。

在这样的背景下，添可供应链提出了"330改善计划"，即年度3个30%改善专项，分别为交付周期缩短30%、制造人效提升30%、库存金额降低30%。通过物料交付周期下降、厂内物流效率优化、生产制造周期改善、推动产品标准化建设等多项举措，缩减工厂从接单到交付的周期。缩短订单交付周期后，市场需求的准确率提升，变动率下降，同时因为物料交付周期缩短，当市场需求变化时，也能从供应链侧快速响应进行及时调整。

此外,添可还打通系统信息流,力求减少信息孤岛。通过部门和流程协同,提升市场响应的效率。从预测到订单,从订单评审到成品出运,所有过程信息线上流转,确保及时准确地传递并处理,快速响应需求。同时,还做到了过程数据可追溯,可分析,支持持续改善。

在应对多品种、小数量订单时,企业会根据市场需要进行产线 SKU(最小存货单位)间的快速切换,同时提升线体和工装设备的通用性来适应外部环境的变化;企业内部也会对负责生产线多 SKU 的相关人员提前进行培训考核,以快速响应市场的变化,并保证产能可以及时满足市场对不同 SKU 的需求。

在生产流水线上,添可柔性化技术在以下四方面有所体现。

第一,添可采取工艺流程标准化,根据产品族分类,同产品族产品采用相同的制造工艺及自动化的设备,作业人数保持一致,作业节拍都控制在 40—50 秒,以保证作业效率与品质平衡。

第二,添可在车间布局上采取标准化,具体包括车间尺寸标准化、生产线尺寸标准化,设计、布局以及路线均相同,产品切换,不受空间尺寸影响。

第三,添可采用的是 CELL 线体生产方式,它可以有效地安排人力、移动设备和利用厂房空间。按照最优工艺流程排

第六章
敏捷营销战略：添可如何应对不确定性时代的消费者需求变化

布,搬运浪费最小。当不同的产品进行切换时,产线的布局调整(包括作业台、设备的移动和重新连接)都非常便捷,当产品切换不涉及布局调整时,每个 SKU 的切换时间控制在 10 分钟内。可根据产能需求,实现快速调整及响应。

第四,生产过程采用的单件流,大部分工序只有 1 个,最多不超过 3 个 WIP(Working in Process,在制品)数量,实现在制库存量最小化。在生产过程中有效地控制 WIP 的数量,使得产线的问题显性化,可快速反馈异常并解决问题,达到较高的平衡率。

基于以上柔性化技术的引进,成品交付周期从 2021 年到 2022 年缩短了 42%。通过成立专案小组,添可树立了端到端思维,打通销售预测环节到供应商备货环节,建立了长周期物料管理的流程和机制。同时结合"2022 年添可产销项目"进行了诸多业务变革,取消了委外多次提料,建立了 VMI (Vendor Managed Inventory,寄售)管理模式,优化 SRM 系统下的销售预测、供应商供货承诺和供应商送货通知等功能,由此实现从需求到交付闭环管理,打通了流程断点、数据断点和系统断点,在产销协同上实现高效。

垂直整合的集团业务,也使得添可在产业链上的整合非常迅速。比如,虽然当时仍受新冠疫情的影响,但 2022 年 2 月 10 日,添可员工的复工到位率已经达到七成,从前端到后端,全体发动为 3 月 4 日的品牌发布会做起了准备。对发布会后市场需求的爆发,添可也可以从容应对,通过产业链高效整合来响应市场变化,满足消费者的需求。

柔性供应链的本质就是供应链的数字化。随着市场不断变化,消费者对智能家居产品的需求也在不断变化,从过去单一功能的需求转变为更加个性和差异化的需求,这就使得产品的研发、制造和流通需要更多弹性。在添可产品的迭代更新中,我们也不难发现,只有主动适应新趋势才不会落后,因此,在敏捷营销战略的实施中,对生产的柔性供应至关重要。

(二)芙万3.0:添可柔性生产再升级

芙万系列洗地机的研发历程很好地体现了这一点。2021年年初,"会思考"的智能洗地机芙万2.0成功推向市场,并创新性地引入电解水杀菌功能;2022年,添可发布芙万3.0全新产品,在电解水杀菌的功能上又突破了行业的技术瓶颈——相比芙万2.0的电解功能,芙万3.0电解模块可以在TDS值小于50的水质仍具有良好的电离杀菌表现,电解出来的游离性余氯值提升了172%;另外,在2.0模块的基础上增加了可视化的灯光效果,让用户更直观地看到电解水的全过程,能够对电解水杀菌有更深层次的认知与感受,也体现了添可秉持的"生活白科技"的产品理念。

回顾整个芙万3.0项目的开发过程,针对3.0电解模块的开发可谓是"过五关,斩六将",堪称"蜀道之难"。第一,添可要解决在高纯度水质下(TSD值小于50)不易电解的难题,随之而来的离子膜寿命和生产工艺的难题也浮出水面,在不断

第六章
敏捷营销战略：添可如何应对不确定性时代的消费者需求变化

和供应商的沟通反馈中，添可研发团队积极思考，提出了具有可行性的新方案，虽然存在一定的风险，但既然方案可行，那只有勇敢地向前走一步，遇到问题解决问题，办法总比困难多。样品经过大量反复的测试，结果都非常理想，最后双方一致认为增加3层电极片方案具有量产的可行性，同意按此方案继续手板验证。

添可面临的第二个问题就是电解灯光效果的确认，具体来讲，就是选用什么颜色的灯光以及发光源设计在什么位置？就这一问题进行方案设计的过程中，添可研发部门表示，添可追求自主创新，要做出与众不同的产品，追求最极致的用户体验，细节必须要做到完美。在方案不断改善和优化的过程中，供应商对添可研发部门表现出的专业能力和快速响应的问题处理能力表示赞赏，并希望以后有更多的机会能够和添可共成长。来自合作伙伴的鼓励和认可，从侧面印证了添可快速反应、智慧生产的能力。

（三）食万中央厨房：柔性加工以满足产品要求

作为继芙万后添可着力打造的又一全新品类产品，添可智能料理机食万在实现大厨的烹饪效果中不可缺少的一环即为中央厨房，食万净菜通过风干、冻干等工业化技术处理的蔬菜解决了消费者切菜洗菜的这一难题，但这也要求中央厨房的食材加工、处理腌制和烹饪过程必须数字化，且这些数据必须和食万的数据库无缝对接。以数据作支撑，通过精细分析，可以有效地洞察需求制定合理的方案计划。因此，中央厨房的设备有一个再数字化、自动化的开发过程，这个过程可以通过逐步完成来实现。中央厨房应该尽可能地满足食万终端的设计要求并基于此来不断优化数字化、自动化的柔性加工能力。同时，中央厨房还需要持续标准化过程，以至于自身形成新的加工能力，可以模块化赋能到外部供应链，以满足食万净菜的快速发展要求。

添可食万一路走来，每一次的成功都建立在对用户需求的深刻洞察以及创新科技的持续探索上。推出食万系列智能料理机，是为了让忙碌的年轻人能够回家吃上美味健康的饭菜，"躺赢"精致快生活；推出食万净菜，是为了解决年轻人不愿意费时费力备菜的难题；食万生态体系的建立，则是为国人乃至全球中华美食爱好者提供"简单、快、好吃"的生活方式，这就必须触及中餐美味的根本，即中餐标准化。虽然中餐标准化的实现"难于上青天"，但添可食万并未在困难面前选择"曲线救国"，而是再次发挥品类开拓者的探索精神，专门成立了数字美味研究院，从学术端开始借助渐趋成熟的数字化技术，对中餐美味的奥秘展开科学化、系统化和基础性研究。新设立的数字美味研发工程师这一全新岗位，则是具体的执行者，是产研结合及市场化的关键。

（四）添可的潜在威胁和发展趋势

在新的零售环境下，柔性供应链变革的核心是能够更快、

第六章
敏捷营销战略：添可如何应对不确定性时代的消费者需求变化

更灵活地适应市场需求，打破流水线，变成网络化生产方式，从流水线生产变成柔性制造。对生产的柔性供应有助于降低运营风险，提升企业的运营效率，在困难订单的争取上更具竞争力，还可在节约运营成本的同时树立良好的品牌形象，保障企业持续健康地发展。

如前所述，ZARA 等服装企业所面临的服装行业快时尚，对标添可品牌所提倡的精致快生活，正如 ZARA 遭遇 SHEIN 等企业的挑战一样，添可也存在潜在的威胁。瞬息万变的市场和日新月异的消费需求，对添可品牌提出了更多的挑战。添可意识到只有"大单品"或者只有"多品类"都是比较危险的。所以，在芙万成为行业佼佼者的同时，迅速布局食万、秀万、饮万等多品类，力争为品牌积累更大的竞争优势，但这同样也对添可的柔性供应链体系提出了严峻的考验。

管理探析

添可若想打造出真正的柔性供应链，需要内外联手，双管齐下。借助信息技术增强利益相关者的数字化协同，使供应链中直接发生物质交互的上下游形成无缝衔接式合作，从而降低成本，提升供应链对异常情况的认知速度和不确定环境下的反应力。同时，通过增强供应链柔性，也可有效地提升供应链的网络效能，从而增强添可品牌对环境变动的快速响应与协调调度能力①。

一方面,做好内部提升,不断探索和完善新型的跨部门团队工作方式,从产品研发、制造生产到实际运营的各个环节,协调好不同利益相关者。

缩减工厂从接单到交付的周期,缩短订单交付周期后,市场需求的准确率提升,变动率下降,同时因为物料交付周期缩短,当市场需求变化时也能从供应链侧快速响应进行及时调整。确保产品质量和高效协同生产,实现小单流水线生产和混合生产,可在不同产线SKU间进行快速切换,实现不同量级和个性化定制共线生产,缩短生产周期,大幅提升产能。同时,将大数据更好更快地作用于趋势预测,推动跨部门间的信息共享,减少信息孤岛,通过预先进行数据分析来调节供求,实现碎片化订单集中化生产,将产品定制化、标准化等创新模式进一步升级,生产出更受市场欢迎的产品。从趋势预测到订单生产、评审,再到成品出运,所有过程信息线上流转,确保及时准确地传递并处理,快速响应需求。

另一方面,持续关注和洞察消费者的需求,对消费者行为和生活方式的变化给予敏捷的市场响应,并在此基础上,引导和创造新的市场需求。积极进行上游供应链资源

---

① 孙德芝,丁婉君.柔性能力视角下内部控制运行模式研究[J].会计之友,2022(12):61-67.

第六章
敏捷营销战略：添可如何应对不确定性时代的消费者需求变化

整合，充分利用互联网优势，开发引进适合自身的外部营销系统，拥抱外部变革的同时，重塑企业的核心竞争力。

目前，添可柔性供应链还处于成长期，但趋势已定，未来可期。

第七章
可持续营销战略：添可如何成为未来中国制造的代言品牌

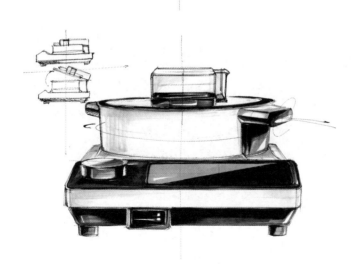

扫码观看视频课堂

在今天,中国制造"走出去"仍面临众多挑战。幸运的是,中国传统文化中人与自然和谐共生的思想以及我国对"双碳"目标的庄重承诺,为中国制造提供了战略机遇。面向未来,作为出海企业的优秀代表,添可应不断修炼可持续营销能力,在提升自身品牌形象的同时,助力中国制造在全球市场中的转型升级。

一、中国制造的全球形象:可持续营销战略的崛起

全球化是历史发展的必然趋势。改革开放以来,我国制造业已取得了不少伟大成果,但仍呈现"大而不强"的特征。在未来,中国制造想要在全球竞争中脱颖而出,需要继续深化改革开放,进一步融入全球市场,嵌入全球产业链,并从产业链低端向高端攀升,提升产品的附加价值。如何在全球竞争中打造自己独特的竞争优势,不断提升自身品牌的全球形象,是中国制造未来努力的方向。

用户价值创新:
添可如何在红海中开创蓝海

(一) 中国制造由大到强的转型升级

"中国制造"历经数十年发展,已经具备产能巨大、配套齐全、质量较好等重要特点,为中国品牌提升全球竞争力打下了坚实的基础。一国制造业的全球形象,即一国制造业呈现出来的总体品牌特征,往往是国家在企业战略模式、技术创新范式和产业链布局方面长期形成的差异化竞争优势的总体表达。例如,在全球消费者的眼中,"德国制造"意味着品质卓越、产品精美、工艺精密;"日本制造"意味着品质可靠、富有工匠精神;而"美国制造"意味着价廉物美、技术先进[①]。

改革开放以来,我国制造业经历了技术引进、消化吸收和自主创新等多个发展阶段,实现了四十多年的持续增长,在2010年超过美国成为全球最大的制造业大国。这主要得益于我国在全球产业分工中发挥了劳动力优势、大规模生产优势,以及超大规模本地市场优势等。但这也导致过去几十年我国大部分制造业都处于全球产业链"微笑曲线"中附加值较低的制造加工环节,自主研发能力欠佳,品牌附加价值较低,在国际市场上竞争力不足等问题。因此,"中国制造"的全球形象整体呈现出"大而不强"的特征。

为此,由制造大国到制造强国发展,由"中国制造"向"中

---

① 蒋青云."双碳"目标下中国企业品牌建设的机遇与路径[J].可持续发展经济导刊,2022(3):36-38.

第七章

可持续营销战略：添可如何成为未来中国制造的代言品牌

国创造"进发,重新定义"中国制造"的总体形象,应成为当下我国制造业转型升级的战略方向。2015年,国务院印发我国实施制造强国战略第一个十年的行动纲领《中国制造2025》,将"绿色发展"作为基本方针之一,并强调坚持把可持续发展作为建设制造强国的重要着力点。2020年,习近平总书记在联合国大会上宣布,中国将于2030年前实现碳排放达峰,在2060年前实现碳中和,这是我国对可持续发展作出的庄严承诺,同时也为构筑我国制造业的差异化竞争优势提供了新的思路和机遇。

中华文明自古有尊重自然、热爱自然的文化基因,强调人与自然的和谐共生,正如《道德经》所言:"人法地,地法天,天法道,道法自然。"中华文明孕育出丰富优秀的生态文化,对如今社会经济的发展具有重要的启示和借鉴意义,是一笔值得继承和发扬的宝贵精神财富,也是西方可持续发展的思想渊源之一。

在过去的发展中,我国在传统制造业的低碳绿色转型方面以及新能源汽车、光伏、能源科技等绿色能源产业方面积极布局,在全球形成了较为明显的比较优势。在国家绿色发展战略的引导和历史生态文化的滋养下,我国制造企业若能持续提升自身在低碳环保等领域的绿色创新能力,形成以可持续营销战略为主的独特竞争优势,势必有助于我国制造业的转型升级,提升"中国制造"在国际上的认可度和竞争力,打造更令人尊敬、卓越出众的全球形象。这样,"中国制造"较之于

"德国制造""日本制造""美国制造"就有了面向未来的独特的竞争优势。

(二) 大势所趋的可持续营销战略

可持续营销(或称社会责任营销)是指企业在生产经营的过程中,综合考虑自身利益、消费者利益、社会利益、环境利益等,追求各方利益的最大化。可持续营销对传统意义上仅关注企业自身的营销模式进行了扩展和延伸,要求企业意识到并主动承担起自身的社会责任,让目光不仅仅局限于短期的经济效益,而是积极向善,放眼更长远更广泛的社会与环境问题。

可持续营销根源于可持续发展的理念,后者意味着"在不损害后代人满足其自身需要的能力的前提下满足当代人的需要的发展"①,在1987年世界环境与发展委员会(WCED)发表的报告《我们共同的未来》中被首次正式使用并系统阐述,是每一个个体和组织的责任和义务。随着社会经济发展的日益成熟,人们的可持续意识不断增强,采取了积极的行动改善各种环境和社会问题。然而,可持续发展在今天依然面临着巨大的挑战,如全球气候变暖、资源短缺、社会不平等现象突出等。针对这些挑战,联合国整合并设立了相互关联的17个

---

① 联合国官网.可持续发展议程-可持续发展(un.org)[EB/OL].[2023-01-13].https://www.un.org/sustainabledevelopment/zh/development-agenda/.

第七章
可持续营销战略：添可如何成为未来中国制造的代言品牌

可持续发展目标(见图 7.1)，希望能在 2030 年前实现每一个目标，为地球上的所有人许诺一个更美好和更可持续的未来。

图 7.1 联合国可持续发展的 17 项目标

资料来源：联合国官网。

在实现可持续发展目标的过程中，添可也和其他制造业企业一样责无旁贷。一方面，制造业企业的生产经营活动会对环境和社会造成较大负担，例如，工厂原料和燃料的使用会带来大量温室气体排放，加重气候变暖；工业废水和其他废弃原材料可能对环境产生污染；过度包装和不当物流等也会产生资源和能源的浪费。如果企业缺乏社会责任意识，为了追求利润而不顾社会利益，会给社会和环境带来难以预料的伤害。

另一方面，制造业企业可以凭借自身的影响力，带动社会的可持续发展。制造业企业与消费者的衣食住行等方面都息息相关,能在潜移默化中有效地影响人们的思维模式和行为习惯。例如,通过研发出更加低碳环保的产品,企业能促进消费者向可持续的生活方式转化;制造业企业和产业链上下游企业协同合作,共同致力于"双碳"目标下的绿色产业链建设,将有利于整个产业链可持续发展目标的实现。

与此同时,消费端也对制造业企业的可持续营销提出了更高的要求和期望。随着社会经济的发展和生活水平的提高,消费者的可持续观念不断增强,可持续消费也逐渐成为新潮流。人们对本身承载着低碳环保功能的产品和有社会责任意识的品牌呈现出更强烈的购买偏好。以添可所在的家电行业为例,根据苏宁易购发布的《2022"双十一"家电消费趋势报告》,绿色节能已成为家电消费的新趋势之一,苏宁易购全国门店一站式以旧换新订单量环比增长133%,绿色节能家电销售环比增长141%[①]。

制造业企业践行可持续营销战略已是大势所趋,全球各个产业的领先品牌都在探索自己的可持续营销之路。著名户外运动品牌巴塔哥尼亚(Patagonia)的创始人伊冯·乔伊纳德(Yvon Chouinard)在2022年9月发布的公开信《地球现在是我们唯一的股东》中宣布,将公司今后的所有利润用于应对

---

① 唐淑倩.苏宁易购发布《2022"双十一"家电消费趋势报告》[EB/OL].(2022-11-12)[2023-01-13]. http://news.enorth.com.cn/system/2022/11/12/053325729.shtml.

第七章
可持续营销战略：添可如何成为未来中国制造的代言品牌

气候危机，并写道："如果我们对一个生机勃勃的星球仍抱有任何希望，那就更要算上在商业上的改变。这需要我们所有人用尽所有资源去努力实现。"可持续发展任重而道远，面对日益严峻的环境与社会挑战，企业应当主动承担起责任，将节能减排、低碳环保融合进自身的发展规划，不断发挥自己的社会影响力，为可持续发展贡献出自己的一份力量。

（三）添可品牌如何实现可持续转型

当前，全球行业的领先企业和一些国际组织都在积极探索开展可持续营销战略的可行路径，并引导更多企业有效地进行低碳转型。值得注意的是，可持续转型不是仅仅局限在某一环节或部门身上，而是需要企业打开全生命周期的视角，从研发设计、制造供应、运营营销等生产经营的各个环节，践行可持续发展理念。

2021年6月，联合国全球契约组织偕同波士顿咨询公司发布了报告《企业碳中和路径图》，希望为企业落实联合国可持续发展目标、实现碳中和提供全面指导。报告从全产业链的角度提出企业绿色转型的9大关键措施（见图7.2），涵盖整体目标规划、企业内部运营、价值链合作三个方面。

其中，针对添可品牌所在的家电制造业，以下三个方面值得重点关注。第一，在设计可持续产品方面，企业需要对售出产品的碳排放进行生命周期评估，并通过绿色设计和技术创新，不断优化产品全生命周期内的碳足迹，研发出更加节能低

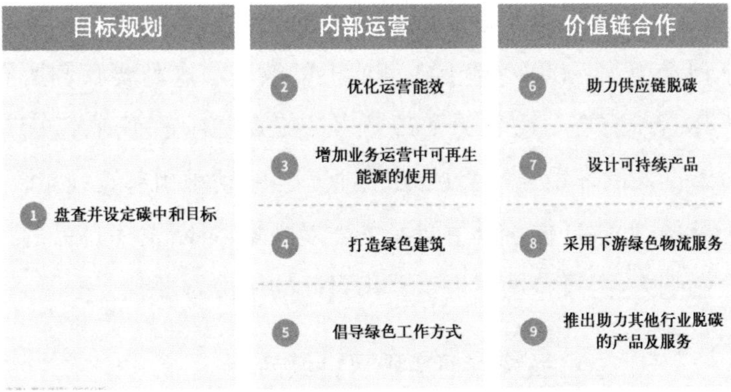

图 7.2　企业绿色转型的 9 大关键措施

资料来源：联合国 & 波士顿咨询公司.企业碳中和路径图[R].2021.

碳的家电产品。第二，在制造加工方面，企业需要增加可持续原料和能源的使用，并通过采用柔性生产或新的工艺和流程管理工具，提高制造流程的效率，不断优化运营能效。第三，在回收利用方面，企业不仅需要设置"以旧换新"等有效合理的回收机制，减少废弃电器污染，而且要学会应用系统化的方法从废弃物中提取回收资源，推动循环经济的发展。

　　对于添可品牌来说，率先践行可持续营销战略，研发出更多绿色环保智能产品，并成功地向世界讲好可持续发展的"中国制造"的故事，是其作为我国智能家电行业先进企业的时代使命。一国制造业的全球形象，往往由一国制造业品牌的群体形象决定。但同时，一个行业的领头品牌常常会起到"国家名片"的作用，代表着整个国家制造业的形象，影响着该国品牌在全球消费者心目中的总体印象。

第七章
可持续营销战略：添可如何成为未来中国制造的代言品牌

有趣的是，"中国制造"从制造加工到自主研发的转型升级，与添可品牌自身从代工贴牌到创立自有品牌的转型发展路径是匹配的，都是一条顺应时代发展、不断提升产品附加价值的道路。在添可的身上，凝结着中国制造业几十年来发展历程的缩影。而在今天，添可自身的可持续转型也会在描绘制造强国的画卷上落下浓墨重彩的一笔。

二、添可可持续营销如何为企业增长拓展新路

添可品牌的英文名为 TINECO。在确定英文名时，除了追求发音上的相近，添可还十分注重名字背后的内涵。TINECO 的最后三个字母"ECO"为生态一词的英文"ecology"的缩写，承载着添可对生态环境的关切及对低碳环保理念的追求。这份追求在添可的前身科沃斯的品牌英文名"ECOVACS"中也可见一斑，表明了科沃斯集团一以贯之地希望通过自身力量打造可持续生活方式的美好期许。

（一）添可品牌的可持续设计

添可品牌的许多产品都在响应可持续发展的理念。在研发设计过程中，添可将产品生命周期的各个环节都纳入考量，力求凭借别具一格的思路和智能科技的创新，研发出更加低碳环保的家电产品。添可的工业设计总监何吾佳在访谈中提到，设计师要"善用"自己的权力。这里的"善"是"向善"的

用户价值创新：
添可如何在红海中开创蓝海

"善"，其核心是保持一种对企业负责、对消费者负责、对社会负责的心态，坚持做诚实的、美好的、有价值的设计。

这一点在食万智能料理机身上体现得淋漓尽致。食万及其配套的产品和服务能从多个方面助力可持续发展。

第一，最大限度上带动产业链实现节约粮食和其他食材的目标。根据《农产品仓储保鲜冷链物流建设研究报告（2021年）》，我国目前蔬菜、水果等生鲜类农产品的产后损耗率高达30%—40%。食万净菜通过整合产业链的上下游，在前期尽早地对蔬菜等原料进行风干和冻干，不仅有效地降低粮食生产、储存、运输、加工环节的损耗，从田间地头来到用户家中后，在用户日常烹饪的过程中，食万净菜同样功不可没。通过免去洗菜、切菜、配菜等环节，避免了手工备菜带来的厨余垃圾和水资源使用。加上净菜在常温条件下即可保存，且保质期较生鲜菜品更长，能极大限度上减少蔬菜保存上的浪费和损耗。除了食万净菜，添可品牌也坚持通过智能科技的创新，不断探索和完善食万智能料理机在节约粮食上的功用。例如，食万3.0Pro版本料理机的主机底座四角各安装了一个称重传感器，使主机部分地具有整合称重功能。同时，通过算法，食万智能料理机能够根据加入食材的重量偏差自动调整调料，动态地控制用量。这些设计可以在烹饪过程中实现食材量的有效控制，避免不必要的食材浪费。

第二，通过优化设计，提高智能料理机的节能环保绩效。食万3.0Pro版本料理机采用的是立体式IH电磁立体加热，在

第七章
可持续营销战略：添可如何成为未来中国制造的代言品牌

烹饪时通过底部大功率(2 000 W)加热盘实现快速加热,同时通过底部2个NTC温度传感器实现精准控温。得益于9档火力智能自动调节,食万智能料理机能配合双层复合材料使不粘锅体瞬间导热,急速升温,使食物受热更均匀,大幅缩短食物成熟的时间。经实验室测量,食万智能料理机的热效率达到81.2%,而同条件下传统燃气灶的热效率仅为50.8%,热效率高有助于减少能耗。添可同样考虑到了安全问题,食万干烧锅体的温度达到限定值将会自动停止加热,在节能的同时更加安全。

添可品牌主打智能家电,研发出了"会思考的"的吸尘器、洗地机、吹护机等产品。而云计算、传感器、数字化、物联网等智能科技的应用本身即可提升工作效率,将能耗的浪费降到最低。例如,飘万智能吸尘器实时探测吸入灰尘量,以感知当前清扫地面的脏污程度,并通过处理器算法运算,及时自动地调整吸尘器吸入功率,随时以最合适的吸力工作,避免因为用户人工判断清扫程度的失误而带来的过度清洁。这是传统家电无法做到的。

第三,通过技术创新和功能优化,提高食万智能料理机对环境和人体健康的友好性。食万3.0Pro版本料理机的智能蒸汽自清洁系统搭载300 W微型锅炉,在清洗时能急速升温,喷涌出高温蒸汽对料管及锅内的残留物进行清洁。通过集合可升降行星双翼搅拌铲,食万能同时实现锅盖、锅底和锅壁的清洗,并根据脏污程度灵活调整清洁时间和力度,单次全方位自清洁所耗水量低至300毫升。加之15秒的高温杀菌,食万智能料理机能达到更洁净、更健康的清洁效果。

对环境和人体健康的友好同样体现在添可其他产品中。例如，与传统的人工拖地相比，芙万智能洗地机在节约水资源上具有明显优势。清洗一次拖把需要耗费大量清水，而拖一次地往往需要清洗多次拖把，湿拖把不及时晾干，还容易滋生细菌，危害人体健康。在充分考虑用户在日常生活中的实际清洁场景后，添可巧妙地研发出芙万智能洗地机。添可首创的恒压活水清洁技术，解决了活水喷洒、滚刷实时清洁、污水高效回收等关键问题，有效地避免受污染的滚刷二次污染地面。滚刷上的污水被洗净拧干后，再通过离心风干和UV灯对滚刷进行除菌，避免细菌滋生或散播到周围空气中，危害人们的身体健康。同时，添可也在不断尝试将健康与创新结合，引入电解水杀菌功能，除菌率高达99.99%，打破耗材逻辑，进阶定义居家清洁。

(二) 添可品牌的可持续制造

添可将可持续融入其制造的各个环节。

材料是工业制造中的关键一环。在材料的选用上，添可的标准一直以来都不低于行业标准，甚至常常是行业标准的制定者，其核心前提和原则始终是安全和环保。例如，为了平衡工业设计中对美感和环保的要求，添可正在大力对喷涂、电镀等对环境威胁较大的工艺和材料进行迭代，转而开发本身就具有一定外观属性的免喷涂材料，使产品由内而外都呈现

第七章
可持续营销战略：添可如何成为未来中国制造的代言品牌

出环境友好的特点。

在工厂生产线的安排上，添可自2008年就开始推行精益生产。这种模式由日本丰田公司首先推出，追求最大限度地降低企业生产过程中所占用的资源以及产生的管理运营成本。添可也在积极布局这一节能高效的生产模式。一方面，添可采用的是CELL线体生产方式，通过制定最优的工艺流程排布模式，可以有效地安排人力、移动设备和利用厂房空间，最小化生产过程中的材料和零部件的搬运浪费。另一方面，添可的生产过程主要采用单件流，而添可的大部分工序只有1个，在制品数量最多不超过3个，通过合理安排生产流程和工序，不仅能有效地缩短生产周期，降低转运消耗，还能有效地控制在制品的数量，在生产线出现异常时能被及时发现并解决问题，提升厂内生产的质量和效率。步入新时代，添可也在不断挖掘未来工厂的可能性，以智能化绿色工厂的概念规划自己的新工厂，并希望通过工业旅游的形式，将流水线开放给公众，将绿色生产等可持续发展理念传递给更多的人。

（三）添可品牌的可持续营销

添可主张"生活白科技，居家小确幸"，以"以智能科技创造梦想生活"为品牌使命，希望能通过研发出更多的智能家电，将人们从日常烦琐的体力劳动中解放出来，将节省出来的宝贵时间用在能创造更多价值的活动中，让生活有更多自由的空间，将家庭中的无聊时刻变成高光时刻。

用户价值创新：
添可如何在红海中开创蓝海

在与消费者互动交流时,添可十分注重社会价值的传递。与崇尚技术的黑科技不同,崇尚白科技的添可并不关注技术本身抽象的参数或指标,而是主张将技术的进步隐藏于实际体验的提升,力求让消费者切实感受到产品给家庭生活带来的"小确幸",从更广泛的维度展示品牌的社会意义。

添可也积极投身于社会公益的探索。添可十分关注人才培养和科学研究,品牌创始人钱东奇多次向母校南京大学捐款用于科研,并成立雅辰科技教育发展基金以资助南京大学和南京市部分中小学的人才培养;在抗击新冠疫情期间,添可多次向战斗在抗疫一线的医护人员捐款捐物;添可还曾携手二牛与流浪狗救助站,帮助流浪狗温暖过冬。虽然仅成立四年多,添可在社会营销各方面的投入都很大,但添可并不将此作为一种负担,反而将公益投资当作自身业绩增长、始终保持创新能力和核心竞争力的动力,通过可持续营销达成可持续增长。

> **管理探析**
>
> 在添可看来,可持续发展一定是未来的主流趋势,也是企业想要构筑自身核心竞争力、赢得未来市场竞争的必由之路。企业不光要为自己创造商业价值,为用户提供体验价值,更要为社会创造可持续价值。只有将社会价值注入产品后,产品才会呈现出蓬勃的生命力,为用户、为社会、为地球提供长远的支持。一直以来,添可都在用自己

第七章
可持续营销战略：添可如何成为未来中国制造的代言品牌

> 的实际行动兑现可持续发展的承诺，不断突破舒适圈，开阔眼界，探索智能家电的低碳环保之路。也正因如此，添可能成功地打造出芙万智能洗地机等爆品，在竞争激烈的家电市场取得一席之地。

三、"内圣外王"：可持续营销和添可品牌形象的建设

  添可品牌致力于将低碳环保等理念融入产品设计，不断探索智能家电在可持续的美好生活方式中的角色。自 2018 年正式成立以来，短短五年，添可即凭借自身优秀的产品在市场竞争中脱颖而出，受到海内外消费者的认可和青睐。在国内市场，根据奥维云网（AVC）线上监测的数据，添可占据国内线上洗地机市场近 70％的份额，毋庸置疑地成为洗地机品类的佼佼者。在国际市场，根据科沃斯 2021 年年度报告数据，添可海外业务收入在 2021 年同比增长 180.65％，占总收入的比重达到 31.66％，并先后斩获 CES 2022 科技创新奖、《消费者报告》2022 年最佳吸尘器榜单第一名等多个奖项。种种数据表明，添可已经成功地在海内外市场上积累了出众的影响力，不仅带动了国内智能家电市场的发展，更向全球消费者展示了中国制造企业的不俗实力。

  在今天，中国制造正处于"由大变强"转型升级的关键节点，可持续发展已是大势所趋，作为中国制造的优秀出海企

业,添可肩负着时代的责任与使命。可持续营销对添可来说,不是"做不做"的问题,而是"做得快不快"和"做得好不好"的问题。

展望未来,添可需要在当前可持续实践的基础上,"内圣外王",向内,修炼自身的可持续营销能力;向外,扩大自身的可持续发展影响力,带领消费者、行业和全社会朝着可持续发展的目标不断迈进,提升"中国制造"品牌的全球形象。

"内圣"是"外王"的基础和前提条件,正如孔子所言:"修身、齐家、治国、平天下。"添可只有先增强自身的可持续思维和营销能力,才能从更广的维度对行业和社会的可持续发展作出贡献。对添可来说,可持续营销不是一次一劳永逸的尝试,需要长期坚持并不断完善,打造适合自己的可持续之道。放眼未来,添可的可持续之路依旧充满无限可能。

可持续营销的战略需要虚实结合,既要"务虚"也要"务实"。其中,"务虚"指添可需要在顶层设计上不断地向可持续发展模式转变。企业使命是企业存在的核心目的,体现企业所作所为的理由或意义;愿景描绘了使命实现后的未来图景,指明企业前进的方向;价值观是企业及其员工整体的价值取向,对其日常言行举止提出了统一的期望与要求。将可持续发展理念融入自身使命和愿景,明确树立可持续发展的价值观,不仅为添可内部放下企业发展的指南针和定心石,为员工提供工作的理想动力,也成为添可对外展示自身形象的一张重要名片。

第七章
可持续营销战略：添可如何成为未来中国制造的代言品牌

不过，仅仅有顶层设计是不够的，添可还需要加强内部组织文化建设，使可持续发展的理念能够深入员工的内心，形成上下一心的企业文化。人是企业中的最核心要素，也是战略执行中的关键因素。只有当每位添可员工都知晓并认可可持续发展的理念，才能发挥每个人的主观能动性，真正将可持续营销战略贯彻到日常工作中。正如钱东奇所说："大家心往一处想，劲往一处使。大家都觉得这不是打一份工，拿一份工钱回家，还有大家一起做的，在一条船上做的社会价值。"唯其如此，添可才能将可持续的理想落地，创造出实实在在的社会价值。

"务实"指在具体实践的过程中，添可需要将可持续发展的理念落实到企业运营的每一个细节。与传统的家务模式相比，添可研发的芙万智能洗地机、食万智能料理机、飘万智能吸尘器等智能家电产品更加节能环保。添可在不断发挥自身科技创新的优势，提升产品的续航和性能的同时，也在布局更加绿色生态的生产供应链，积极参与社会公益活动。这些实践为添可今后的可持续发展积累了宝贵的经验，打下了良好的基础。可持续发展是一门终身的课题，在未来，添可还需要更加广泛、深入地探索可持续营销的可能性，努力实现自身发展的碳中和。

从整体上来看，添可可以从企业层面进行全面细致的碳追踪和碳盘查，了解企业运营各环节的碳排放情况，并在此基础上制定科学高效的碳减排目标方案，确保所采取的行动能

用户价值创新：
添可如何在红海中开创蓝海

切中要害且行之有效。

从产品生命周期来看，在研发设计环节，添可可以继续发挥自身敏锐的市场洞察能力和独特的绿色创新能力，研发出更多具有社会价值和低碳环保的产品；在生产制造环节，添可可以加大可再生能源以及回收再利用的原料的使用，并通过更新技术和设备，优化生产线布局，以提高原料和能源的利用效率；在物流运输环节，添可可以采用新能源汽车等低能耗的运输方式，并通过优化物流系统，采用最短线路布局等方式提高运输效率；在回收利用环节，添可应当促进自主或合作建设废弃家电产品的回收系统，并通过技术创新提高废弃物的利用率，补齐产品全生命周期的最后一块拼图。

从企业日常运营来看，在基础设施上，添可要在现有基础上打造更绿色的工厂和办公楼，通过部署更高效节能的电力、照明、排气和供冷供暖系统，有效地实现生产和办公环节的节能减耗；在工作方式上，添可可以建立统一的绿色工作规范，通过引导员工节约用水和用电、减少不必要的差旅、缩短通勤距离并鼓励公共交通出行等措施营造可持续的工作文化。

除了优化现有业务的可持续水平，添可还可以采取更广阔的企业视野，密切关注社会议题并积极与自身资源和能力进行联系，挖掘更多可持续发展的机会点，不断增强自身可持续营销的广度和深度，达到"内圣"的境界。

在可持续发展的建设之路上，添可不能独善其身。作为我国制造企业的优秀代表，在"内圣"的基础上，还要做到"外

第七章
可持续营销战略：添可如何成为未来中国制造的代言品牌

王"。即添可应当凭借自身出色的市场影响力，向外辐射可持续发展的理念，在提升自身品牌形象的同时，改善"中国制造"的品牌国际形象。

首先，"外王"意味着带动整个行业的可持续实践。作为家电行业的领先企业，添可为行业内的其他企业提供了榜样，其所研发的产品、开发的技术、采取的战略有时甚至可以掀起行业的整体变化，例如，芙万的面世将洗地机这个全新的品类带进大家的视线，改变了地面清洁领域的市场格局。因此，添可应该充分利用自己的行业影响力，带领行业的可持续发展。一方面，添可可以总结自己在可持续营销方面的优秀经验，并在行业内进行共享，授人以渔，提升行业整体的可持续发展能力；另一方面，凭借自己在行业内的多年深耕，添可还需要主动制定行业绿色标准，在树立标杆的同时，进一步规范行业内各企业的行为。

其次，"外王"意味着倡导社会的可持续生活方式潮流。可持续发展目标的达成离不开每一个个体的努力，添可研发的低碳环保的家电产品为人们践行可持续的生活方式提供了可行之计。从消费者的角度来看，个体的力量是有限的；但从添可的角度来看，每多卖出一份产品，就意味着多一个家庭在变得可持续。聚沙成塔，添可得以集结起每一个家庭的力量，和消费者一起完成可持续价值的共创。添可在通过绿色创新研发更多低碳环保产品的同时，还可以通过营销加强市场教育，传播可持续发展理念，提高消费者的可持续意识，助力可

用户价值创新：
添可如何在红海中开创蓝海

持续生活方式成为一种社会新风尚。

最后,"外王"意味着向世界讲好"中国制造"的可持续故事。作为中国出海的优秀企业,添可代表着"中国制造"的国家形象,也肩负着提升中国制造在国际上的影响力和竞争力的时代使命。从改革开放初期的劳动力输出,到后来的技术输出和品牌输出,"中国制造"在海外还有很大的空间可以施展拳脚。钱东奇曾说:"一定要有创新的东西,你才能全球化。"在今天,添可"走出去"面临着新的挑战,即如何通过绿色创新助力我国完成从制造大国向制造强国的转型升级。面对日益激烈的国际市场竞争,添可不仅要发挥自身市场洞察和科技创新优势,凭借过硬的产品实力征服海外市场,成为消费者的不二之选;也要不断地扩展营销渠道,尤其是互联网营销渠道,以产品为载体,向海外消费者传递具有中国特色的可持续生活方式。

第八章
组织学习战略：添可核心能力的锻造

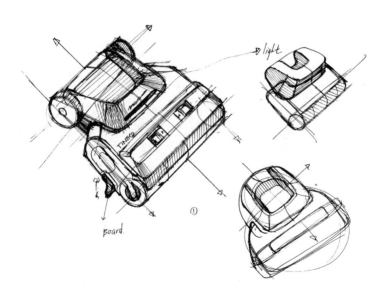

扫码观看视频课堂

作为一家非常年轻的创业公司,添可从0到1的开局堪称完美,这主要离不开创始人钱东奇对市场机会的捕捉能力、对用户需要的洞察能力,以及对激发团队渴求成功的领导能力。在未来,如何更好地将钱东奇的隐性知识转化为组织知识,如何武装自身动态能力以应对不确定的外部环境,如何在共同价值观的指引下形成共同的心智模式,以不断锻造自身的核心能力,是添可需要思考的问题。

一、钱东奇的探索如何转化为添可的隐性知识?

添可的创新能力是毋庸置疑的。正式成立不到五年,添可就先后研发出智能洗地机、吹护机、料理机等被称为"新物种"的产品,颠覆了众人对传统家电产品的认知。这种持续创新与品牌创始人钱东奇的阅历、经验和思考习惯息息相关,也离不开钱东奇对行业和消费者的深刻洞见,这种洞见建立在对技术和人性的把握上,反映在对技术本质的把握和应用的

用户价值创新：
添可如何在红海中开创蓝海

拓展上，也反映在对用户需求的敏感和体验的执着上。

根据著名经济学家伊迪斯·彭罗斯（Edith Penrose）的企业成长理论，企业不仅仅是一个单纯的管理组织，同时也是各种生产资源的集合体。在这些自身资源中，隐性知识作为团队内部的独特智慧结晶，最不易被他人复制，因此也是企业核心能力最为重要的组成部分。由此看来，组织学习是锻造企业核心能力的主要途径。钱东奇的个人经验、智慧、洞见和能力如何转换为添可内部的隐性知识，为每一位组织成员所学习、吸收和落实，是添可过去一路走来需要总结的经验，也是未来组织学习需要努力的方向。

（一）添可组织知识转化的 SECI 模型

将创始人钱东奇的经验、智慧、洞见和能力转化为添可的知识和能力，涉及组织知识创造的过程。日本管理学家野中郁次郎与竹内弘高在《创造知识的企业》一书中提出组织知识创造理论（Theory of Organizational Knowledge Creation），指出组织创新实际上是组织"由内而外地创造新的知识和信息"，但"组织不能自己创造知识，个体的隐性知识才是组织知识创造的基础"。

钱东奇的个人经验、洞见便是一种典型的隐性知识（Tacit Knowledge），也是添可持续创新的基础所在。与能用明确的语言表达和传播的显性知识（Explicit Knowledge）相比，隐性知识更具主观性和直觉性，因此，很难用形式化的语言有逻辑

第八章

组织学习战略：添可核心能力的锻造

地进行交流。组织知识创造的主体是作为整体的组织，而不仅仅是个别领导者，组织知识创造需要组织中每位参与者的齐心协力。因此，如何将钱东奇的个人洞见转化成每位添可内部的员工都能共享的隐性知识，在添可的持续创新中显得尤为关键。

将钱东奇个人的隐性知识扩展到整个添可公司涉及知识转化（Knowledge Conversion）的过程（见图 8.1），即隐性知识和显性知识之间的社会化相互作用。根据野中郁次郎提出的 SECI 模型，知识转化可分为四种模式：社会化（Socialization，隐性知识→隐性知识）、外显化（Externalization，隐性知识→显性知识）、组合化（Combination，显性知识→显性知识）和内隐化（Internalization，显性知识→隐性知识）。

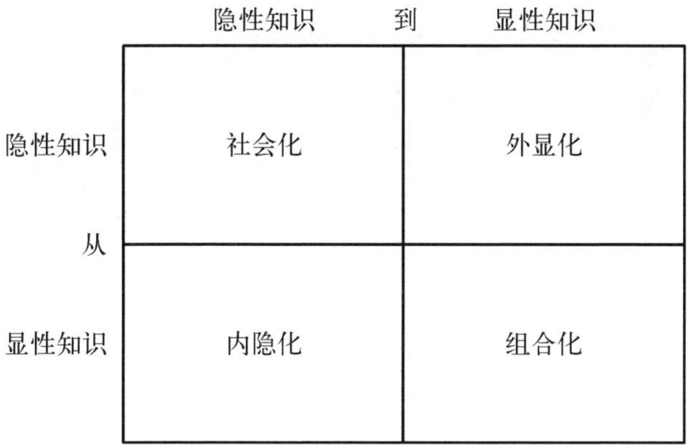

	隐性知识	显性知识
隐性知识	社会化	外显化
显性知识	内隐化	组合化

（从／到）

图 8.1　野中郁次郎的 SECI 模型

资料来源：野中郁次郎,竹内弘高.创造知识的企业：领先企业持续创新的动力[M].吴庆海,译.北京：人民邮电出版社有限公司,2019.

用户价值创新:
添可如何在红海中开创蓝海

经过不同模式的知识转化,钱东奇的个人经验、智慧、洞见和能力得以成功地深入每位添可人的内心,并通过员工与环境的互动最终构建成为添可的组织知识;反过来,这些知识也在引导着添可的商业行为,进一步通过实践丰富添可的组织知识,为添可的持续创新提供源源不断的动力。

1. 添可组织知识的社会化过程

知识转化的过程通常从社会化开始。社会化模式主要通过共享心智模式和奋斗经历等创造共同的隐性知识。因此,社会化模式依赖一个互动的"场"(Field)以促进成员之间的经验共享。

头脑风暴作为一种开放包容的讨论形式,正是这种互动"场"的典型代表。在涉及公司战略、产品开发的重要决策时,钱东奇常常会组织头脑风暴,邀请员工针对问题自由地发表观点。进行头脑风暴的地点并非常规的会议室,而是选在茶馆等工作环境之外的休闲场所;头脑风暴不仅包含高层领导者,也向所有感兴趣、有想法的员工敞开大门,且无论职位高低,与会者在讨论过程中都一视同仁。在这种轻松、平等的讨论氛围中,钱东奇带领大家不断探讨业务难题,不仅激励出许多有价值、有创意的想法,更通过这种非强迫的方式使不同个体共享同一种信念与体验,将所有添可人的心都引至同一个方向。

与头脑风暴类似,实际执行过程中的团队合作构建了另一个互动"场",让团队中的个体能够共享相同的奋斗经历。

第八章
组织学习战略：添可核心能力的锻造

例如，2000年钱东奇团队刚从为客户代工转型做自主研发时，经历了一段举步维艰的低谷时期。但团队并未轻言放弃，而是脚踏实地、齐心协力，成功地突破技术瓶颈。这段共同攻坚克难的经历使务实精神成为团队成员的共识，而这种务实精神也最终融入添可自身的文化基因，为如今添可的成功提供取之不竭、用之不尽的精神养料。

2. 添可组织知识的外显化过程

社会化模式通过互动"场"直接创造了共同的隐性知识，但所覆盖的范围较为有限，对于领导者来说，想要将难以言传的隐性知识传递给更多的人，须将其转化为显性知识，这个概念创造的过程即外显化。外显化的过程也是组织创造新知识的关键环节。

无论是阐述公司的宏观愿景，还是与团队成员的日常交流，钱东奇经常通过形象直观的方式清晰地表达自己的观点。添可的主张"生活白科技，居家小确幸"中所强调的白科技即体现出这一点。黑科技强调技术本身的精湛和先进，给人一种高冷感和距离感；白科技通过颜色上"黑"与"白"的对比，直观地说明添可温暖、亲切的品牌调性。除此之外，添可还提炼出"以智能科技创造梦想生活"的企业使命和"用户第一，务实创新，激情奋斗，追求卓越"的核心价值观，将公司愿景、使命和价值主张标准化，并公开发布呈现给员工和外界。

在与员工交流时，钱东奇擅长使用比喻和类比，久而久之就形成了添可的"黑话"体系，使得团队成员在陈述特定问题时所使用的基本概念、话语体系甚至比喻、陈述方式都较为一致。例如,"添可"成了一个形容词,当员工们说某个产品不"添可"时,即表明该产品的研发并未用智能科技创新提升用户的体验,没有真正解决用户的问题;添可会用"隧道期"来比喻产品尚未获得市场的认可、还需要持续突破创新的阶段;"隧道期"也寓意着只要坚持不懈、稳步向前,就一定会迎来走出隧道、迎接光明的那一刻。如此种种,有效地建立了添可人的"话语体系",成功地将隐性的知识转化成便于传播和理解的显性知识,不仅为团队指明了前方的道路,更蕴含着无限希望与力量,激励添可员工不断前进。

3. 添可组织知识的组合化过程

在添可内部进行更广泛的传播涉及组合化的过程。组合化尝试将各种概念系统化为更具体的知识体系,在组织学习中起到十分关键的作用。

采取学习型组织(Learning Organization)的模式,有助于促进组合化的进程,提升组织的整体能力。自品牌成立以来,添可即致力于打造学习型组织。一方面,添可十分注重组织内部优秀经验的提炼与分享。例如,添可内部开设了"蒲公英计划",通过挖掘组织中优秀个人和团队的专业经验和管理技巧,沉淀和梳理组织内部的知识结构,不断开发出适用的专业及管理课程,并利用科学流程培养和管理内训师,为内部知识沉淀与传播提供了良性环境。另一方面,添可致力于在组织内部营造学习文化,打造了"Tin-Talk 添可公开课""添才姐妹

第八章
组织学习战略：添可核心能力的锻造

视频号""年度教师节"等活动，以丰富的内容和灵活多样的形式，在组织内部营造浓厚的热爱学习、热爱分享的文化氛围。

4. 添可组织知识的内隐化过程

内隐化是个体将获得的经验内化于自身的隐形知识库中的过程。这是钱东奇的个人隐性知识得以被团队成员共享的重要步骤，也是添可内部能够上下一心、紧密配合的重要条件。

内隐化与"做中学"（Learning by doing）模式密切相关，在日常工作中，添可的员工通过团队合作和自我学习不断扩大自身体验的范围，完成知识转化的最后一环。但并不是只有通过亲身体验才能实现内隐化，阅读或倾听一个成功的故事也能帮助组织成员将过去的经验转化为隐性的心智模式。这也是我们写这本书的价值所在。通过将过往的成功经验整理成册并出版，有助于添可员工将企业文化和优秀经验内化于心，对于其他读者也可起到借鉴之义。

（二）添可组织知识转化的启示与展望

从社会化到内隐化，知识转化的过程并没有就此结束，个体的隐性知识在团队交流中又会通过社会化和外显化触发新一轮的转化，例如，通过头脑风暴碰撞出新的创意观点，来自不同员工的经验也会为添可团队带来勃勃生机。这种动态转化过程被称为"知识螺旋"（Knowledge Spiral）（见图 8.2）。值得注意的是，"知识螺旋"不仅涉及知识内容本身的转化，也包含知识主体的转化。在知识转化的过程中，钱东奇的个人智慧和洞见跨越不同主体的边界,从个体层面扩大到组织层面,并最终传递给市场,得到用户的认可。

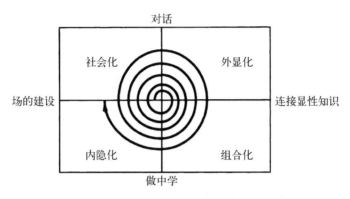

图 8.2 "知识螺旋"示意图

资料来源:野中郁次郎,竹内弘高.创造知识的企业:领先企业持续创新的动力[M].吴庆海,译,北京:人民邮电出版社有限公司,2019.

回首过去,添可凭借自身出色的组织学习能力,充分利用优势资源,创造出许多宝贵的组织知识,助力其在市场竞争中取得硕果累累。面向未来,添可需要在既有经验和成果上,不断提升组织学习的能力,从过去比较自然的组织学习过程逐步过渡到主动设计和富有创造性的组织学习机制,通过持续推进"知识螺旋",不断地将钱东奇及其团队的隐性知识有效地转化为公司的隐性知识,从而构筑强大的核心能力基础。

管理探析

具体来讲,添可今后的组织学习可以从以下三个角度发力。

第八章
组织学习战略：添可核心能力的锻造

第一，如何构筑知识转化的"场"？知识转化需要借助一定的"场"，添可需要为不同模式提供合适的平台和机会，助力知识的转化。例如，对社会化模式来说，要善于通过头脑风暴等开放、自由的公开讨论以及团队合作的方式，增强共同体验，以实现心智模式和专业技能的共享；对外显化模式来说，要善于为员工提供自我展示的平台，挖掘并提炼组织内部优秀员工的经验智慧；对组合化模式来说，要善于打造学习型组织，搭建学习平台，营造学习文化氛围，促进优秀知识在组织内部的传播；对内隐化模式来说，要善于为员工提供多样化和深层次的体验机会，并总结和讲述企业品牌故事。

第二，如何推进"知识螺旋"？推进"知识螺旋"，有助于添可持续地创造组织知识，并将其向更广的维度进行传播。根据"组织知识创造"理论，促进"知识螺旋"上升需要重点关注五个条件：其一是意图（intention），添可需要明确企业发展的目标和愿景，厘清需要创造哪些知识，并将其概念化；其二是自主（autonomy），添可需要适当地给予团队成员自主性，增强个人创造新知识的积极性和可能性；其三是波动（fluctuation）和创造性混沌（creative chaos），添可需要时常走出自己的舒适圈，借助外界的变化和挑战以促进自身创新能力的提升；其四是"冗余"（redundancy），即那些看似没有用、但有助于理解知识的信息,例如,添可可以通过轮岗加深员工对其他部门工作的了解,以提升跨部门协作的效率;其五是"必要多样性"(requisite variety),添可需要确保组织内部的多样性,以应对多样化环境带来的挑战。

第三,如何形成共同心智?内部成员共享相同的心智模式是组织知识创造的必要条件,也是添可品牌上下一心、齐心协力的前提。一方面,共同心智的形成与社会化模式关系密切。共同心智不应该刻意追求,有时强制命令很可能适得其反。添可应善于为不同意见提供开放、包容、尊重的讨论环境和互动机会,使多种观点充分碰撞、发酵后,最终自然形成一致。另一方面,添可应善于将隐性知识转化为标准化且易于传播和理解的显性知识,通过组织学习机制在组织内部进行广泛传播,如内部"暗语"体系的建立、企业故事的提炼和讲述等。

二、添可的动态能力与钱东奇的创业初心

钱东奇曾在一次公开演讲中分享,面对如今变幻莫测的市场环境,企业应该做到"不忘初心,内外兼修,与时俱进,方得始终"。自创立以来,添可始终怀着为用户解决问题的初心,紧跟行业潮流,向内,不断沉淀自身创新能力,研发出好的产品;向外,善于捕捉市场风向,灵活借力积极响应。正是在

这个过程中,添可不断沉淀自身的动态能力,成功地屹立于风云变幻的市场中。

(一) 为什么动态能力很重要

放眼世界,优秀的企业都是能够有效输出能力的企业。如京东的物流,最初只是服务公司的电商业务,经过长时间的积累,京东的物流能力是业内翘楚,可以为第三方提供广覆盖、高时效的服务。再如阿里巴巴集团的云计算,最初只是为集团的业务提供算力支持,随着云计算能力的不断提高,如今阿里云已经是国内第一大公有云服务商。因此,一个企业的产品形态最终可能消失,但企业在打造产品过程中沉淀下来的能力,则可以让企业成功地打造第二条增长曲线[1]。

添可作为一家诞生于乌卡时代的年轻企业,能够在如今瞬息万变的商业环境中扎根立足、持续生长,动态能力不可或缺。

动态能力(Dynamic Capabilities)的概念最早由新西兰经济学家大卫·蒂斯(David Teece)于1994年提出,指企业通过合理利用内外部资源以不断适应富于变化的商业环境的能力[2]。企业在发展的过程中面临着多方面的影响。宏观层

---

[1] 方二,齐卿,左莉.智情企业[M].北京:机械工业出版社,2021.

[2] D. J. Teece, G. Pisano, & A. Shuen. Dynamic Capabilities and Strategic Management[J]. Strategic Management Journal, 1997, 18(7), 509-533.

面,企业及其所在的行业都会面临来自政治、经济、社会、技术等外部因素的冲击;中观层面,企业需要随时关注并应对来自行业中现有及潜在的竞争者、上游供应端、下游消费端的挑战;微观层面,企业需要提高自身的组织管理能力,减轻组织结构失调、内部动力不足等问题带来的威胁。

动态能力对于添可所在的家电行业来说尤为重要。家电产品更新迭代速度快,企业间的竞争十分激烈;同时,新消费时代下消费端需求不断升级、日新月异,也给企业提出了更高的要求。只有那些具备动态能力,能够快速识别挑战并及时响应的企业,才能成为市场中的赢家,获得持续增长。

(二)添可的动态能力及其表现

添可的动态能力可以追溯至成立之初,根植于钱东奇的创业初心。添可是钱东奇继科沃斯之后创立的第二个品牌。谈及二次创业背后的心路历程时,钱东奇常将"解决用户家庭生活中的问题"放在首位。在市场调研的过程中,钱东奇及其团队敏锐地发现,即使在竞争如此激烈、更新迭代如此频繁的生活电器领域,人们的日常生活中还存在很多尚未被解决的问题。若能利用传感器、芯片、数字化、物联网等前沿智能技术研发出相应的产品,也许能为这些问题提供有效的解决方案,成为提升用户生活品质的又一突破口。2020年,芙万智能洗地机正是在这样的思考中孕育而生。

芙万智能洗地机的面世,不仅收获了广泛的市场认可,更

第八章
组织学习战略：添可核心能力的锻造

开创了洗地机的新时代。其成功对添可来说意义重大——不仅在战略方向上让添可更加坚定了自己"在红海中创造蓝海"的品牌思维，也帮助添可积累了大量前期市场调研、中期研发制造、后期营销管理相关的经验。在这样的商业实践中，添可逐渐形成了自身的动态能力，为后续的持续创新奠定了基础。

具体来讲，添可的动态能力主要体现为以下四个方面。

（1）基于小而全产业链及企业价值链的产品持续创新能力。

添可作为一家行业中为数不多的业务垂直整合的公司，在过去的商业实践中逐渐打通了一条从研发、制造到市场的产业链和企业价值链。与此同时，这条小而全的产业链也为添可产品的持续创新提供坚实的支撑，能助力添可开拓不同的产品线，将具有市场潜力的想法落地。在芙万智能洗地机之后，添可又陆续发布了摩万吹护机、食万智能料理机、饮万净热一体机等产品，横跨清洁、个护、烹饪和健康等多个品类，密织了添可高端智能产品网络、构建了添可这棵立足于智能科技、精致生活的大树，支撑着添可在风起云涌的市场竞争中屹立不倒，迎风舒展。

（2）对市场需求的引领能力或创造需求的能力。

在用户需求洞察方面，添可始终坚持"引领用户"。只有高于消费者认知，才能作出创新，领先行业与市场。这与奢侈品的品牌逻辑类似，代表潮流、时尚和技术的发展趋势，本身就应该走在用户的更前一步。添可相信自己比用户更懂他们需要什么样的产品来解决生活中的问题,因此,自己要做的不应该只是根据消费者已有的显性需求进行生产设计和制造,而是挖掘用户的潜在需求,在用户还没有办法想象产品具体模样的时候就领先一步,帮助用户完成想象的工作。而后再基于用户对于已有产品的体验反馈,不断优化与改进。这种前瞻性的目光使得添可能够不拘泥于传统的产品模式,时刻走在市场的前端,让自己免于随波逐流带来的被动处境,始终掌握行业竞争的主动权。

(3)面向市场和产业动态变化积累变革自身的能力。

身处竞争激烈、技术需求快速变化的家电行业,添可不能安于现状,而是应该不断地提升自身的创新能力。公司在技术方面一直在根据市场的变化实行小步快跑式的更新和迭代,比如,食万智能料理机曾在一年之内做了3次迭代,有时从提出需求到研发完成仅仅花费两三个月。如此快速的迭代背后,是添可快速提升的市场认知,是添可内部协调高效的跨部门工作,也是添可坚实可靠的研发技术储备。作为一家研发驱动型的科技公司,添可十分注重自主研发能力的持续变革,例如,内部每周都会开研究会议,且钱东奇每周都会亲自参加;针对食万智能料理机,添可于2022年专门成立了数字美味研究院,致力于中餐数字化的研究。通过持续变革和进步,添可不断增强自身应对市场变化的能力。

第八章

组织学习战略：添可核心能力的锻造

（4）通过共享心智不断提升组织修炼的能力。

改善心智模式是学习型组织的核心修炼任务之一[①]，添可需要加强组织学习，促进组织内部的心智模式共享，以提高团队凝聚力和工作效率。虽然添可品牌还十分年轻，但作为钱东奇的第二次创业，在企业文化、组织建设和日常经营等方面已有较为成熟的经验和基础。因此，添可品牌在成立初期就系统地提出了自己的品牌核心使命、愿景和价值观，并通过组织学习机制将其深入人心，使团队成员能心往一处想、劲往一处使；同时，添可致力于为员工提供开放包容的平台，通过头脑风暴等自由轻松的讨论形式充分激发员工的创造力，在尊重与和谐的氛围中不断促进心智模式的共享，达成共识。

三、添可的价值观与企业文化

正如前文所说，添可品牌已经形成了自己明确的核心价值观，并将其贯穿于产品设计、企业运营、组织建设等各个环节。核心价值观的形成来源于品牌创始人钱东奇的个人洞见和期许，来源于科沃斯集团一以贯之的文化基因和传统，也来源于所有添可人在一次次实践中共同铸造的精神结晶。面向未来，添可需要继续在核心价值观的指引下形成心智模式的

---

① 彼得·圣吉.第五项修炼：学习型组织的艺术与实践[M].张成林，译.北京：中信出版社，2009.

共享,不断打造更有吸引力的工作氛围,促成更高效的团队合作,以及形成更昂扬的奋斗姿态。

（一）添可核心价值观的表达

添可的核心价值观为"用户第一,务实创新,激情奋斗,追求卓越"(见图 8.3)。

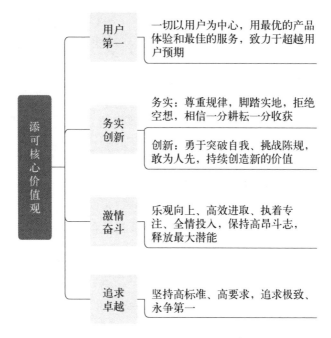

图 8.3　添可品牌的核心价值观

资料来源:添可品牌官网。

"用户第一"指一切以用户为中心,用最优的产品体验和最佳的服务,致力于超越用户预期。添可从来不在意竞争对

第八章
组织学习战略：添可核心能力的锻造

手和行业趋势，而是主要关注用户的需求和心智，深入用户，发现痛点，解决痛点，帮助用户创造更美好的生活。是否解决用户的问题是添可一切创新的核心，也是所有产品的出发点和落脚点。

"务实"指尊重规律，脚踏实地，拒绝空想，相信一分耕耘一分收获。一方面，添可要将创新想法落地成真实的产品，且产品能真正提升用户的生活品质；另一方面，添可要潜心耕耘，能吃得了苦、沉得住气，不断攻坚克难，稳步向前。"创新"指勇于突破自我、挑战陈规，敢为人先，持续创造新的价值。添可不做追随者，而要"在红海里开创蓝海"，通过前瞻性的消费洞察和智能科技的技术创新开辟一个新的赛道。添可的产品始终坚持自主创新，为了追求最极致的用户体验，不怕风险，勇于尝试新方案，对每一个细节都精益求精。

"激情奋斗"指乐观向上、高效进取、执着专注、全情投入，保持高昂的斗志，释放最大潜能。组织内部上下一心的价值认同感，尊重员工、包容开放的工作氛围，以及用户对产品的正向反馈为添可带来源源不断的动力，让添可团队能心往一处想、劲往一处使，时刻以饱满的激情应对来自外界的不同挑战，持续地创造价值。

"追求卓越"指坚持高标准、高要求，追求极致、永争第一。在行业竞争中，添可不甘于做第二，始终怀着成为领头羊的野心；在产品研发中，添可不断追求产品价值的最大化和用户的极致体验；在生产制造环节，添可对原材料的选购、物料的生产、包装、运输等环节提出了更高的标准和要求,以确保产品的高质量。

(二)添可核心价值观的特征

从核心价值观中,我们可以窥见添可的独特之处。

1. 添可是一家具有全球化气质的公司,对技术和生活之间体用关系的理解具有普世性

添可以"以智能科技创造梦想生活"为企业使命,一直以来都力求用智能化的解决方案提升用户的生活品质。与崇尚技术指标的黑科技不同,添可对自己的定位是更人性化、更温暖的白科技,主张"生活白科技,居家小确幸"。黑科技对用户认知的要求很高,需要用户对技术指标有很深入的理解,而大多数用户其实很难察觉技术指标的突破给自身使用体验带来的提升。比如,吸尘器的电机转速从最早的每分钟5万转,升级到每分钟7万转、每分钟11万转,再到现在的每分钟14万转,期间经历了大量的研发和投资。然而,当问起用户是否知道自己家的吸尘器的转速是多少时,却几乎没有人可以回答上来。技术本身是冷冰冰的,而技术为用户生活带来的体验应该是温暖的。白科技的目的即是将对技术本身的关注转移到用户体验上去,让用户意识到这些产品能够真正解决他们家庭生活中的问题。

值得注意的是,添可并不是希望用技术改变用户既有的生活习惯,而是帮助用户将这些原有的生活习惯复刻过来,变

第八章

组织学习战略：添可核心能力的锻造

得更加简单、品质更好、耗时更短，带给用户更好的体验。具体来说，摩万系列吹护机并没有改变用户吹干、护理头发的习惯，而是将护发的各种需求整合融入吹发这一环节中；饮万净热一体机并没有改变用户喝水的习惯，而是通过一个智能化的产品解决不同生活场景下对饮用水质量、温度的多样需求；芙万系列洗地机并没有改变用户清洁地面这件事本身，而是智能化地综合了中国人扫地后还要拖地的独特习惯，让整个过程变得省心、省力、省时；食万系列智能料理机并没有改变中国人的餐饮习惯，而是将备菜过程中的买、切、洗、配，烹饪过程中的翻炒、看管，以及烹饪结束后的清洁等步骤全部简单化。用户的日常习惯得以保留，生活品质却不断得到提升。添可每一个系列的产品，都建立在同一个底层逻辑之上，承载着利用智能科技创新帮助用户省心、省力、创造美好生活的使命，让用户有更多的时间和精力去做更有价值的事情。

2. 添可是一家用户导向的公司，始终以创造用户价值为经营驱动力

在添可公司内部，"添可"已经成为一个形容词——如果研发的新品没有真正切入到用户的痛点，为用户创造价值，这个产品就是不"添可"的。在选择赛道时，添可始终关注用户问题的解决。例如，随着人们生活水平的不断提高、烫染人群的增多，用户对头发护理提出了更高的要求。不少用户会专门在美发店里做负离子护理，在家里洗头时除了常规的洗发水和护发素，还会使用发膜、涂护发精油等，以更好地进行头

发的养护。但实际上,这些工作十分烦琐,会浪费用户大量的时间。于是,添可思考这些环节是否能在吹风过程中就一并解决掉呢？通过对用户痛点的敏锐洞察,添可研发出摩万系列吹护机,让用户只需要在吹头的过程中,就能享受到一体式、全方位、专业的头发护理体验。

添可对于用户体验的极致追求在产品设计的思路中可见一斑。添可善于从更本质的角度思考外观设计与产品功能的关系,以及二者融合时最终带来的用户体验。添可认为,在设计会长期陈列在用户家中的家电产品时,不应只是分开追求外表的美观和功能的实用,而应将二者有机地结合在一起,即在外观的设计中融入功能,将功能尽可能地隐藏在外观背后,让产品做到"好看"又"好用",为用户提供尽善尽美的全感官体验。

添可对于用户体验的极致追求也对产品的制造生产提出了更高的要求,从原材料的选购,到物料的生产、包装、运输等环节的标准也都随之提高。例如,为了给消费者提供更可靠的保障,除了研发实验室以外,添可的品质团队还建立了一个用户模拟测试的实验室,利用嵌入式软件、软件间的交互、通信等技术模拟用户使用产品的场景,在产品上市之前通过大量测试以确认产品在实际使用中是否真正具备可靠性,力求为用户呈现更完美的产品。

从某种意义上来说,真正激励着添可往前走的,其实是用户反馈。无论是电商平台上评价,还是各种销售和市场数据,

第八章

组织学习战略：添可核心能力的锻造

都让添可真切感受到用户对自身产品技术创新和对现代生活需求洞察的认可。钱东奇曾经在采访中分享过一家用户的故事——疫情期间孩子在家上网课，但家长要去上班，没人做饭怎么办？每天来不及做饭，只能给孩子弄速食或者蛋炒饭，没有营养的话怎么办？最后有了食万智能料理机，不仅家长会做，孩子也学会做，甚至还会做给父母吃。用户用了食万后十分感动，添可在听了用户的反馈后也十分激动。这些与用户同频共振的瞬间，让添可更加具象化地触摸到自己所创造的社会价值，更加坚定了自己脚下的道路，也为其提供了取之不尽、用之不竭的动力源泉。这种激情也鼓舞着添可在技术创新上释放最大潜能，持续为用户创造价值。

3. 添可是一家有追求有活力的产业公司，目标高远，斗志昂扬

从 2018 年品牌正式成立，不到五年即成功地构建清洁、个护、烹饪和健康四大智能生活电器品类，添可成为高端智能家电行业的领先者，打造出一个又一个爆品。在这个过程中，添可始终保持着源源不竭的奋斗激情，永不给自己设限，不断追求更高的价值创造，用钱东奇的话来讲，即"骨子里面就有自我追求，想要做得更好"。

在行业竞争中，添可始终怀揣着永争第一的野心。添可品牌自创立以来即定位于家电行业的中高端。由于目标人群的重合，添可在创立初期曾对标戴森，将目光首先投向吸尘器领域，并在 2019 年发布了全球首台"会思考"的智能吸尘器飘

用户价值创新：
添可如何在红海中开创蓝海

万。然而，即使连续四年荣膺世界最权威评估机构美国《消费者报告》推荐榜首，飘万的市场表现却不尽如人意。经过反思，添可意识到飘万失败的核心原因是——在吸尘器的赛道中，用户的心智已经被戴森占据了，作为后来者的添可即使产品做得再好，也无法征服大多数的用户。

杰克·特劳特（Jack Trout）曾在《定位》中表示，品牌想要在人们头脑里留下不可磨灭的讯息，首先需要的是一个纯洁的、未受其他品牌影响的大脑。他认为，第一个进入用户大脑中的品牌很难从记忆中抹去，而屈居第二和默默无闻没什么区别[1]。添可并不甘于只做行业中的第二，而是有着成为消费者第一选择的野心。因此，"对标戴森"成为过去式，在之后的产品研发中，添可始终秉持着"在红海中开创蓝海"的独特理念——添可绝对不会做市面上已有的产品，而是利用智能科技创新，为用户日常生活中存在的问题提供全新的解决方案，争当行业的首创者、第一人。想要做到这一点，就需要进行差异化思考，去反思中国消费者地面清洁的痛点到底在何处。中国人喜欢在扫地后再拖一遍的独特习惯便成为一个成功的突破口，在此基础上添可成功地研发出被称为"新物种"的智能洗地机，开创了洗地机的新赛道。

在钱东奇看来，添可处在一个幸运的时代。一方面，在全

---

① A. Ries, Jack Trout. Positioning: The Battle for Your Mind[M]. New York；London：McGraw-Hill, 2001.

第八章
组织学习战略：添可核心能力的锻造

球化和国家对外开放的大趋势下，添可的科技创新能拥有一席用武之地；另一方面，添可所创造的价值在成就自己的同时，也在为国家的发展添砖加瓦。在当下，中国制造的发展依旧面临着很大的外部压力，业界和学界时常会出现不少悲观情绪。在这样的情况下，添可的这种昂扬斗志和奋斗激情显得更为宝贵——只有努力让自己变得更加强大，才能够最终化解这种外部压力。

第九章
智造未来：添可如何赢得世界

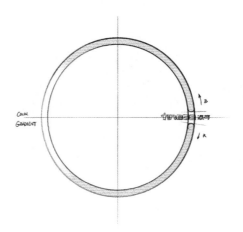

扫码观看视频课堂

添可倡导"生活白科技,居家小确幸",通过构建智能家居清洁、智能烹饪料理、智能个人护理、智能健康生活四大品类的智能物联生态,致力于以智能科技为全球千家万户创造梦想生活。为此,添可以出色的产品竞争力创造用户价值,以厚实的产业竞争力塑造竞争优势,也将以卓越的品牌竞争力制胜全球市场。

一、智造产品:添可如何赢得用户

添可一直强调的"在红海里造蓝海"的思维,实质上是"以用户为中心"的传统思路转向"如何用创新思维洞察消费者"的新思路——添可要做的,不是跟随行业中的成功者,而是在既有的产品基础上进行改善,通过前瞻性的消费洞察和智能科技的技术创新,开辟一个新的赛道。

(一)"跳出盒子"拓展产品创新视野

谈到产品创新,不得不提到科沃斯。在科沃斯发展的初

用户价值创新：
添可如何在红海中开创蓝海

期，对多级旋风吸尘技术的模仿式创新，让公司明白了用户购买高技术吸尘器的本质不是追求技术，而是更高效的清洁能力。科沃斯对家用服务机器人技术的前瞻性投入，同样也让公司看到了机器人替代消费者解决家居生活难题的趋势性需求。科沃斯充分挖掘消费者各种生活场景下的家务劳动痛点，寻求通过服务机器人来更有效地解决问题，就为科沃斯品牌的产品发展规划了蓝图。

科沃斯的经验是从模仿到创新，添可则走上了以自主创新为特色的产品开发之路。除了产品不断升级换代的纵向发展，添可还尝试在产品研发时"跳出盒子"创新路，如跳出传统吸尘器的思维模式，推出洗地机。"跳出盒子"的思考是菲利普·科特勒在阐述水平营销理念时提到的，他认为水平营销本质上是一种基于直觉的创造，其本身就是一个创新的过程。即便它是一种跳跃性的思维，但也不是毫无章法。因此，对于水平营销而言，创意是关键，所有的创意都是为了更好地更贴近用户需求的产品。正如添可 CEO 冷泠在接受访谈时所说，添可所有的技术都是为了创造用户价值而投入和准备的。

在观察添可的产品创新实践过程中，我们能够更加深入地理解这一点。比如，为了更好地满足更多消费者"精致快生活"对美食的需要，添可正致力于推动中餐标准化建设，不仅成立了美味数字化研究院、设立了数字美味研发工程师岗位，更是从家电产业跨界到食品产业，制定高于国家食品生产标准的企业标准。正是"跳出盒子"的创新思维，让添可重新定

第九章
智造未来：添可如何赢得世界

义了创新的内容与边界，在智能料理机的竞争红海中又发现了一片新的蓝海。添可在智能化技术的不断探索和积累，还能帮助企业不断加深对消费者生活方式的理解，从而反过来帮助确定智能化技术的发展方向和重点。添可品牌成功的关键就是一直坚持用智能技术创造超出用户预期的产品。添可芙万系列洗地机就是这种思维方式的典型代表。

从添可的品类创新过程中我们可以发现，创新已成为添可人的共同心智，是添可核心能力的重要表达。在消费升级的大趋势下，品质生活、精致生活已经成为中产阶层的消费理念和生活方式。添可未来的可持续发展，需要继续聚焦智能化技术，深入挖掘消费者品质生活需求的新方向，不断研发和提供更具竞争力的智能生活产品和服务。

（二）体验至上驱动产品创新过程

从创意激发、概念确认、商业模式设计到最终导入市场，产品创新需要组织创新机制作为保障。组织创新是组织由内而外地创造新的知识和信息，但组织不能自己创造知识，个体的隐性知识才是组织知识创造的基础。钱东奇的个人经验、洞见和判断力，既是一种典型的隐性知识，也是添可持续创新的一种核心资源。

一般来说，产品创新机制有其内在的流程和逻辑，即在原有基础之上不断地寻求用户痛点，再对产品进行升级改造。比如，地面清洁需求目前就是人们用吸尘器、扫地机器人来扫地,用拖把或者电动拖把来拖地,这个是一个大众认知非常成熟的存量市场。扫一遍、拖一遍是大众的清洁习惯,但并不意味着这个习惯是完美的,或者说是无法升级的。只要能把拖扫两个动作合二为一,就会减少一半的工作量,消费者就一定愿意去尝试这种全新的家居清洁模式。但传统的产品创新机制只是一味地寻求用户痛点和市场规模的增长,却忘了从消费者体检出发来推动产品创新。

添可将用户体验融入产品创新过程,重构了产品创新机制。只要能改善用户体验的产品设计和功能配置,都是生活中的白科技。正式基于这样的理念,添可推出了芙万系列智能洗地机,将吸、拖、洗整合在一起,并采用无线设计。用户只需要一次劳动,就能完成地面的清洁工作。这样的一个全新物种洗地机既解决了存量市场的用户痛点,又开辟了市场增量的源泉。对于其他品类的跨界,比如个护和厨电,添可也是秉持同样的理念,当添可拥有更好的技术、更好的产品和更好的解决方案,并且经过市场洞察确认能解决用户痛点,形成更好的用户体验,就会自然而然地进入这条赛道来布局新品类、拓展新市场。

(三)面向未来建设创新平台

创新平台是企业创新机制在智能化、信息化时代的一种重要呈现方式。我国很多领先企业都在探索和实践创新平台的建设。比如小米的生态链建设,本质上就是一种基于企业网络建立的创新平台。海尔近10年来一直在探索"人单合一"的管

第九章

智造未来：添可如何赢得世界

理创新实践,也是旨在打造全新的创新平台。"人单合一"模式是一种顺应互联网时代去中心化、去中介化特征的商业模式,主要体现为"三化"——企业平台化、员工创客化、用户个性化。企业平台化指的是企业从传统的科层制组织转变为面向创客小组服务的共享平台,比如研发、制造、销售平台可以接受创客小组委托完成相应的研发、制造和销售工作;员工创客化指的是员工从被动接受指令的执行者颠覆为主动为用户创造价值的创客和动态合伙人;用户个性化指的是用户从购买者转变为全流程最佳体验的参与者,从用户转化为交互的用户资源。

海尔侧重于利用互联网模式搭建企业内部的创新创业平台。张瑞敏的理念是围绕用户进行全流程价值链的重塑,促使海尔从制造家电产品的传统企业转型为面向全社会创客孵化的平台,利用互联网的方式为终端用户提供智慧家居解决方案。围绕着用户需求,海尔试图运用互联网连接、聚合、交互的商业模式来改造自身的管理架构、生产流程与供应链上下游。海尔的互联工厂 C2M 模式,强调大规模定制下的用户体验与连接,从产品的创意研发到生产物流,全程用户可视可交互。海尔的在线众创社区众创汇,鼓励用户自主创造个性化需求。海尔的 CosmoPlat 平台通过互联网连接更多创客、技术与资源供应商,服务于海尔的大规模定制模式①。

---

① 参见王凤彬,王骁鹏,张驰.超模块平台组织结构与客制化创业支持——基于海尔向平台组织转型的嵌入式案例研究[J].管理世界,2019,35(2):121-150+199-200.

用户价值创新：

添可如何在红海中开创蓝海

添可一直在探索走一条全员创造、用户共创的新路，最终将打造自己的创新平台。但与海尔有所不同的是，添可是基于对目标消费者生活方式的洞察和自身小而全价值链而导入的组合式创新。这一创新模式让添可的产品之间形成"1＋1＞2"的效果，让添可的多品类矩阵更具活力，也让添可对用户家庭拥有更强的吸引力。比如，智能个护领域的摩万2.0与秀万2.0的产品组合，就让无聊的吹发行为变为消费者在家就能享受到的沙龙级干发、护发到造型全流程体验；饮万加食万的组合关联性更强，添可的"饮食"CP，让饮万帮助食万彻底解决烹饪需手动加水的"隐形家务"。因此，产品与品类之间的关联创新和整合创新是添可式创新区别于同行的一个特色，也是添可探索新蓝海过程中的新动能。在这一有效实践的背后，也显现着添可创新平台的潜在力量。本质上，添可创新平台的基础有二：第一，将智能技术及时转化为产品（或组合）的敏捷研发机制；第二，将市场洞察和产品（或组合）进行动态匹配的敏捷营销机制。

未来，添可的努力方向是依托现有的敏捷研发和敏捷营销机制，进一步推动组织学习机制和能力的提升，完善公司创新平台的流程、制度和运行效率，源源不断地推出更多面向未来消费者梦想生活的创新产品。这一点与钱东奇的"铁人三项法则"正相契合：一是让用户体验到极致的物联网硬件产品和应用；二是形成一个闭环的生态；三是基于闭环的生态和人工智能算法，形成千人千面的推送。最后，三者合一，形成

第九章
智造未来：添可如何赢得世界

极致的用户体验和参与。

二、智慧引擎：添可如何赢得产业

如前所述，添可目前完善的智能家电产业链和小而全的企业价值链，可以完美匹配差异化聚焦的竞争战略，但添可从1到100的发展，还需要导入长期可行的增长战略，建设可持续的竞争优势。

（一）添可未来的增长战略

综合考虑添可目前的产品结构和市场表现，未来添可的增长战略可以从以下四方面寻求增长源泉（见表9.1）。

表9.1 "添加无限可能"——添可的市场增长战略

	现有市场	新市场
现有产品	市场渗透： 飘万、芙万等现有产品如何通过市场教育或促销策略提高市场销售量及其份额？	市场开发： 飘万、芙万等现有产品是否需要进入新的国际市场区域？新的国内市场区域？或者选择新的消费人群？
新产品	产品开发： 针对现有精致生活人群，添可如何在生活方式洞察的基础上，研发并导入新的产品或解决方案？比如疫情后的健康生活解决方案。	多元化： 添可在食万料理机布局过程中形成的信息、数据服务平台，以及净菜产业链等，将来有没有可能成为新的增长点？

用户价值创新：

添可如何在红海中开创蓝海

1. 提高添可现有产品的市场渗透率

添可现有产品如吸尘器、洗地机和智能个护等产品，还有着较大的市场渗透空间。尽管芙万智能洗地机的市场份额"一枝独秀"，但洗地机品类在整个清洁电器市场的占比仍然显著低于吸尘器等产品，更不要说智能洗地机了。自2020年以来，洗地机品牌一直保持着高速增长的态势。由于竞争加剧，添可洗地机的市场份额已经有所降低，因此，如何进一步地提高市场渗透率是一个挑战。其他产品如飘万智能吸尘器和娇万美眼仪、摩万吹护机等智能个护产品需要强化品牌认知，凸显国货和新锐品牌的优势，实现市场销售量级的提升。

2. 面向国际国内开发全新市场

在国际上，添可的销售网络已覆盖全球线上线下销售门店，产品热销美国、加拿大、澳大利亚、德国、法国、意大利、英国、日本、俄罗斯等数十个国家和地区，销售渠道覆盖电商和本地大型连锁商超；在国内，添可实现了全渠道布局，不仅有天猫、京东、抖音等新在线销售平台，而且覆盖了各类线下门店。因此，除了渗透原有市场之外，未来添可的增长很大程度上要依靠拓展新市场来实现。

添可目前主要聚焦于中高端家庭市场，这与美的、小米全市场覆盖不同。未来的市场开发重点在于：第一，在国际上，进一步依托现有资源，进入新的成长性市场，如东亚、南亚和中东等潜力市场；第二，在国内，有选择地进入年轻消费群体（已有布局），下沉市场，甚至更高端的生活方式人群。这需要

第九章
智造未来：添可如何赢得世界

在品牌定位和价格策略方面有更进一步的差异化作为基础。

3. 基于生活方式洞察，强化新产品开发

新产品开发是小家电企业成长的必经之路。九阳、苏泊尔、小熊等都是经历了从单一爆品发展到多品类的发展过程，添可也正在这一发展过程中。

从产品结构看，市场瞬息万变，消费需求日新月异，因此，产品结构一般要兼顾大单品和多品类，才能保持营收和利润的增长。添可到目前为止的多品类布局非常成功，故而在飘万吸尘器、芙万洗地机获得市场优势地位的同时，及时导入了食万、饮万、秀万、娇万等多个新兴品类，尤其是食万智能料理机这样的潜力大赛道，钱东奇对此倾注了极大的心力和希望。

但是，别忘了添可新产品开发的内在逻辑应当基于对消费者生活方式的精准洞察，在这个基础上进行组合式创新和水平式创新，才可能让添可新产品的整体竞争力和增长潜力得到充分的发挥。

4. 跳出产品思维，奠定添可未来多元化发展业务格局的基础

添可借助市场洞察新推出的食万智能料理机，开辟了万亿级潜力的新赛道，让添可从清洁类智能小家电步入智能厨电，进入全新的多元化发展时代。甚至，为了布局智能料理机业务，添可推动了中餐标准化这一系统工程，从家电产业跨入了食品产业，并据此推动净菜供应链的建设，成为净菜产业链的重要整合者。另外，智能料理机是一个前所未有的网络型

用户价值创新：
添可如何在红海中开创蓝海

产品，通过添可生活 APP 平台实现前后台联动，未来在数据业务、内容创新和用户共创等方面将会有全新的业务拓展机会。这些产业链整合和平台创新方面的潜在业务，是添可未来发展可行的战略选择。

(二) 添可产业竞争战略的演进

添可的初心是以智能科技为用户创造梦想生活，这是一幅宏伟的蓝图，是添可未来的愿景。添可未来可持续发展的方向在哪里？是继续坚守差异化聚焦，还是扩大消费者群体，由差异化聚焦走向覆盖市场更多的差异化战略？

1. 通过数字化赋能产业链，提升多市场覆盖的经营能力

我们先来看看美的在竞争战略转型方面的实践。

目前，美的集团的业务竞争战略基本上属于低成本领先战略，我们在第一章已经有所论及。近 10 年来，美的一直在发力数字化转型战略，目的是建立一家数字化、智能化驱动的科技集团，拥有数字驱动的全价值链及柔性化智能制造能力。

2010 年，美的集团股份有限公司董事长兼总裁方洪波提出了美的数字化转型的全新战略，即产品领先、效率驱动和全球经营。2012 年之前，美的的每个事业部自成一体，信息系统高度离散化、缺乏一致性，企业内信息不能集成，更不能分享。美的上市后，借机将建立多年且稳定运行的信息系统推倒重来，定下了"一个美的、一个系统、一个标准"的变革决心，前后花了三年多时间去做产品开发和订单交付的标准化业务

第九章

智造未来：添可如何赢得世界

流程，建立了数字孪生的智能制造工厂，精细化管理柔性制造环节，数字化驱动从用户需求到企业端服务响应，线上线下统一、上游下游一致的全价值链。

通过数字化转型，美的获得了四个方面的改变：第一是获得了符合时代趋势的工作方式，用户在手机上动动手指就能完成安装，供应商在手机上就能完成所有交易，美的员工、合作伙伴等都因此受益；第二是提高了企业的运行效率，改善了现金周期，提高了周转效率，加快了市场反应速度，缩短了产品开发周期；第三是将生产、开发、销售等过程变得更加扁平和快速；第四是商业模式的创新，这是最重要的改变。新的商业模式可以根据需求，前瞻性地开发产品，柔性化地智造产品[1]。

数字化转型推动全价值链的整合提升，让美的具备了覆盖全市场的差异化竞争战略的基础和能力。随着美的品牌营销能力的提升，多品牌战略的导入，美的差异化竞争战略的意图更加明显，能力也日渐强大。

添可作为一家差异化聚焦的智能家电品牌，从聚焦单一市场到逐步覆盖更多市场，以实现更大的企业增长，这是一个自然的和有机的过程。问题是，如何转变？从美的数字化转型的案例中可以得到启发，那就是通过数字化赋能价值链来

---

[1] 青藤一问.数字化转型八年，市值千亿，智造如何重估美的？[EB/OL].（2021-01-26）[2023-01-13］.https://m.thepaper.cn/baijiahao_10934063.

用户价值创新：
添可如何在红海中开创蓝海

构筑差异化经营的基础和能力。对添可来说，数字化转型是正在进行时，数字化如何赋能价值链是方向和重点。这里有几项特别重要的工作：一是通过数字化进一步提升添可供应链的集成度和柔性度，以满足多市场覆盖的多样化和快速响应需求；二是利用数字化进一步提升敏捷研发、制造和营销能力，并在价值链上实现整体敏捷管理能力，实现智能化制造和营销智能化产品的能力，从而让添可品牌"快公司"的特色更加明显，形成多市场营销所需要的整体经营能力；三是借助数字化建立共同心智，形成更有效的组织学习机制，从而锻造添可的核心能力。这一核心能力是拓展新市场最重要的支撑条件。就像日本富士公司基于光敏技术和市场洞察形成的"知识链、数据链和业务链"整合能力那样，不仅能够帮助富士安全度过胶片失去市场的艰难转型期，还开辟了医疗器械、数字影像和化妆品等诸多新兴业务领域，从而帮助富士实现可持续增长[1]。

2. 在技术创新基础上构建面对不确定未来的战略柔性

添可诞生在一个数字化技术日新月异的时代，产品更新迭代快，市场需求变化更是瞬息万变，因此，产业竞争也更具有动态性。摆在添可面前的路有两条：是坚持差异化聚焦？还是进一步增加市场覆盖并走向差异化战略？添可智能化家

---

[1] 曹虎.为什么柯达胶卷凉了，而富士胶卷却活得很好？[EB/OL].(2022-04-07)[2023-01-15].https://weibo.com/ttarticle/p/show?id=2309404759557401346431.

第九章

智造未来：添可如何赢得世界

电技术的扩展空间很大，也可以很容易开发出不同档次、不同版本和不同差异化的产品。添可面临的主要问题是如何进入不同的市场，进入不同市场开展业务经营，需要具备哪些资源和条件。如果添可选择坚持差异化聚焦，就应该通过产品升级、品类扩张的方式进一步挖掘目标用户群的潜在需求，创造更高或更多样化的用户价值；如果选择走向全面差异化战略，就需要扩大目标用户群体。如前所述，智能技术作为一种数字技术比较容易帮助企业在同一产品概念实现版本差异化，或者按照用户需要实现差异化甚至个性化。但问题在于添可现有的资源和能力是否能支持差异化经营的需要。迈克尔·波特（Michael Porter）认为，对新兴产业而言，专有技术、产品效益和构筑产业壁垒至关重要[1]。

对添可而言，专有技术创新的资源和能力始终是最重要的，事实上这也是添可从 0 到 1 的制胜之道。添可从差异化聚焦转向其他类型竞争战略，其基础还在于技术领先优势。在新兴的智能家电产业，其产业轮廓和产业组织结构尚处在形成过程中，存在很多不确定性，而能够抵御不确定性的首先是技术创新能力，也就是将新技术导入市场的能力。定位学派创始人之一艾尔·里斯（Al Ries）曾将这种现象总结为"市场领先法则"：创造一种新产品，在人们心目中先入为主，比起努力使人们相信你可以比产品首创者提供更好的产品要容

---

[1] 迈克尔·波特.竞争战略[M].陈丽芳,译.北京：中信出版社,2014.

易得多①。其中,研发技术要兼具前瞻性和成长性,才能为品牌筑下稳固的护城河。

在智能家电领域,技术创新能力的强弱决定了产品效益,尤其是新产品的效益。波特对新产品效益的定义是成本优势或不可替代的独特的性能优势。添可的技术创新能力保证了添可在产品性能优势方面的独特性和领先性,明星产品芙万的进化迭代过程,便很好地诠释了这一点。未来,随着市场规模的扩大,成本优势也可能成为战略选项之一,这就意味着添可进入大众市场的可能性。

所谓护城河,是构筑产业壁垒的结果。在智能家电领域,真正可能的产业壁垒是由哪些要素决定的呢?首先是技术,这是钱东奇始终强调添可是一家智能技术公司的原因;其次是基于经验曲线或学习曲线的成本优势。这里所讲的成本优势,不是指以低成本获取市场,而是指在创新基础上形成的成本节约空间,这是企业利润的重要来源,也是进一步扩大技术研发所需投入的来源。添可在科沃斯的基础上不断进行技术创新,带来了比同行更强的成本优势;最后是塑造产业组织结构的能力。领先企业一般通过塑造产业结构,构筑有利于自己的产业壁垒。添可目前的差异化聚焦战略,对于其成为产

---

① 虎嗅."野性消费"热潮下,国产高端智能电器添可如何借势起飞?[EB/OL].(2022-06-04)[2023-01-15].https://baijiahao.baidu.com/s?id=1734632921426466884&wfr=spider&for=pc.

业领先者的地位很有帮助,但是否有助于塑造产业结构?结果并不好说。因为智能家电产业自身处在动态发展的过程中,一旦市场放量,就可能需要及时调整业务战略,以寻求新的产业地位。为此,添可需要在未来几年内构建兼具差异化优势和规模优势的战略柔性,以应对产业边界和市场规模突变带来的不确定性。

三、智情品牌:添可如何赢得世界

从市场营销的角度看,大多数企业的成长曲线将经历三个阶段:第一,资源营销阶段;第二,能力营销阶段;第三,品牌营销阶段①。因此,品牌营销是企业营销螺旋的高级阶段,是企业依托品牌价值创造竞争优势的阶段。在品牌建设和发展过程中,企业首先需要基于产品的感知质量打造品牌身份和价值资产;其次需要在现有产品效益的基础上强化品牌情感关系建设,从而建设强大的品牌资产;最后是通过关系营销致力将价值资产转化为关系资产。上述三个方面都需要建立在以用户价值为中心的基础上,目的是共同构建企业的用户资产②。

---

① 蒋青云,高山.中国最佳品牌建设案例 IX:经济转型期的品牌演化[M].广州:南方日报出版社,2018.
② Roland T Rust. Customer Equity Management,Upper Saddle River[M]. N. J.:Pearson Prentice Hall,c2005.

用户价值创新：
添可如何在红海中开创蓝海

（一）添可如何将产品效益转化为品牌感知质量

年轻的添可是依靠产品的成功成为产业领先企业的，而添可品牌的建设目前才刚刚起步。和大多数企业一样，建立在产品力基础上的品牌才有基础成为强大品牌。这就需要添可将自己的产品力转化为品牌感知质量，以帮助消费者形成统一认知，同时也有利于添可品牌建立自己的定位。

将产品力转化为品牌感知质量的过程，就是凝练企业价值资产的过程。比如，宝马汽车一直致力于宣传"纯粹驾驶乐趣"，不管宝马汽车是高端还是低端，是传统能源还是新能源，其核心的价值主张和用户体验是高度一致的，那就是"纯粹驾驶乐趣"。这就是宝马汽车的价值资产。添可充分利用智能技术，为消费者研发和提供满足其精致生活需要的家居清洁、烹饪料理、个人护理以及健康生活等产品，其品牌价值主张是"生活白科技，居家小确幸"。那么，其产品的感知质量是什么？添可的价值资产又是什么？我们认为还需要进一步提炼。提炼的方法之一，就是我们在第一章提到的手段-目的链分析。

添可品牌的初心不是做机器人，而是为用户提供性能卓越、操作简单并富有乐趣的智能家电，主要以认知价值创新为出发点，以极致用户体验为归宿点。添可最早从吸尘器开始，就着力探索人机互动智能化的产品方向，让机器成为人脑和人手的延伸，让人在使用机器的过程中收获知识、乐趣和成就感。这是添可产品力的内核，也是添可品牌的价值资产。

第九章
智造未来：添可如何赢得世界

在这方面，苹果是智能产品领域的杰出代表，也是添可一直对标的学习榜样。苹果是科技时尚化品牌的一面旗帜，不仅以创新科技实现了卓越的产品性能，而且用独特的设计语言创造了富有想象力和美学感染力的产品外观和使用界面，这是技术和艺术的有机结合。正如苹果公司前CEO迈克·马库拉(Mike Markkula)在谈及"苹果营销哲学"时所说的那样：第一点是共情(empathy)，就是紧密结合用户的感受，我们要比其他任何公司都更好地理解用户的需求；第二点是专注(focus)：为了做好我们决定要做的事情，我们必须排除所有不重要的机会；第三点，也是同样重要的一点原则，是灌输(impute)，它强调品牌要竭尽所能、从包装到营销来传递它的价值和重要性，让消费者形成对它的判断[①]。

（二）添可如何通过提升品牌情感建设强大的品牌资产

添可目前在品牌知名度、感知质量和其他品牌专有资产方面已经具备雄厚的基础，这些基础实际上都更接近于用户理性认知的部分，也与添可智能科技公司的强大背景相关。但添可品牌资产的短板是消费者品牌情感关系的建设，除了"生活白科技，居家小确幸"这一较为抽象的表达方式之外，还有许多工作有待进一步展开。

[①] 媒介三六零.解码苹果营销体系："顶流"品牌背后的营销哲学[EB/OL].(2022-05-16)[2023-01-15].https://zhuanlan.zhihu.com/p/515359535.

用户价值创新：
添可如何在红海中开创蓝海

实际上,添可在品牌营销过程中也提出,要兼容硬科技和软文化,让品牌更有"温度"。这在未来消费升级的情形下,非常有机会。随着消费者多样化、个性化需求时代的到来,消费者关于智能家电的需求不再停留在功能价值和使用价值层面,而越来越在意情感价值、社会价值乃至精神价值的追求。要满足人们日益增长的对美好生活向往的需要,提升家居生活幸福感,添可要做的不只是研发创新、产品迭代,更需要贴近消费者的需要,聆听消费者的诉求,在此基础上创造更能融入消费者日常生活,并有利于他们在体验基础上进行分享和推荐,更能代表他们生活方式的各类智能家电及其解决方案。

添可品牌和其他家电品牌一样,对公司而言,品牌资产是超越产品质量之上所创造的价值。但对于消费者来说,品牌资产是消费者关于品牌的全部认知,也是一种用户情感关系的集中表达。情感是一种内心的感受、冲动和能量。如乔布斯所说:"苹果的关键在于,我们要开发真正能令人兴奋的产品。"强有力的品牌情感,必定带来品牌的高势能。以小米为例,2012年左右出现的小米粉丝(米粉)对小米成为高势能品牌起到非常关键的推动作用。用户的情感越高,品牌就越具有高能量,它就会进入一种高速的增长模式。并且,这种高速增长模式不是由企业驱动的,而是由用户自驱动的[①]。

---

① 尹一丁.高势能品牌:打造品牌能量的12堂剑桥课[M].北京:中信出版集团,2022.

第九章
智造未来：添可如何赢得世界

添可情感品牌建设大致可以从以下四个方面展开：第一，讲好品牌故事，包括创始人钱东奇及其创业的故事，重要产品如洗地机的发明过程及其与市场用户间的互动，以及公司如何推进产业进步（比如主导制定洗地机行业标准）和社会发展（创造社会价值）等。第二，提炼并宣传独特的价值主张。每个高情感势能品牌的价值主张都有其独特性，才能被消费者接受。比如，同样服务于豪华车市场，奔驰的价值主张是"令人羡慕"，宝马的价值主张是"纯粹驾驶乐趣"，沃尔沃的价值主张最为独特和令人印象深刻——"安全"。为了传递"安全"的价值主张，沃尔沃几乎每年都会推出跟"安全"相关的技术或产品创新宣传活动，不厌其烦地告知消费者：沃尔沃发明了孕妇专用安全座椅；沃尔沃第一个推出儿童安全座椅；沃尔沃第一家配置城市安全系统……这样的内容营销是塑造品牌情感的有力武器。第三，导入或采用情感媒介。当产品技术和消费者之间难以产生直接情感关系的时候，运用品牌形象代言人、品牌吉祥物和其他媒介有利于建立情感关系。添可前几年请了影视明星钟汉良作为品牌代言人，取得了一定的效果。未来，添可可以利用智能技术创造虚拟或数字化代言人，并导入元宇宙概念，用以充分激活年轻消费者的市场潜力，这样将更符合"以智能科技创造梦想生活"的品牌使命。第四，充分运用传统媒体、自媒体和社交媒体与用户和粉丝展开活跃的社区沟通，尤其是要重视内容传播、场景营销等深度化和立体化沟通方式，在互动沟通中达成用户融入（Customer

Engagement），从而生成情感联结关系。

（三）添可如何进行关系营销，建设品牌关系资产

品牌资产的价值是通过市场实现的，而市场交换关系的质量决定着品牌价值的大小及其可持续性。因此，添可品牌未来的一项重要营销战略任务就是积累和建设关系资产。

关系营销不同于传统的一锤子买卖式的交易营销，重在通过用户满意度管理，实现用户忠诚，从而为用户创造持续价值，为公司赢得长期发展。在营销实践中，关系营销就是客户获取、客户保留和客户拓展的过程。不同于服务业和工业品，添可的关系营销重点是：第一，开展用户满意度管理，动态管理用户的预期和购后的体验过程，激发用户的购后反馈和复购意愿，从而提高用户的终身价值。添可在用户满意度管理方面有自己完整的体系，钱东奇也在搜集和分析用户体验和服务评价方面投入了很多精力，并获得了产品更新迭代的宝贵信息。第二，充分利用互联网平台和社交媒体平台，激励关键用户（KOC）的体验分享和用户推荐活动，利用各类关键舆论领袖（KOL）开展内容营销，从而提升添可品牌的社会影响力。添可目前在各类电商平台（如天猫、淘宝、京东）以及小红书、抖音和B站等社交媒体平台都开展了主动的品牌关系互动营销活动。第三，建立强大的品牌社区，通过社区成员之间的互动沟通和合作共创等，强化添可品牌和消费者（粉丝）之

第九章

智造未来：添可如何赢得世界

间的情感关系，共创有利于品牌营销的优质内容，拓展添可品牌的社会声誉，寻求添可产品、服务发展方向的有效建议等。如第五章所言，添可在品牌社区的建设方面取得了较大的成效。

上述三个方面，我们围绕添可的价值资产、品牌资产和关系资产建设展开了系统的分析和论证，目的是希望添可未来真正建立以用户资产为中心的营销战略，从而让添可为用户创造价值的使命能够融入品牌营销战略之中（见图9.1）。

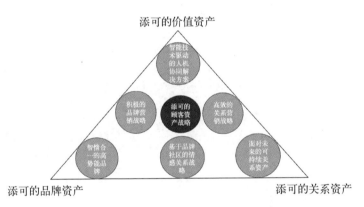

图 9.1　添可用户资产为中心的战略营销管理

注：本图根据拉斯特顾客资产战略管理理论绘制。具体参见罗兰·拉斯特等.顾客资产管理[M].汪涛，译.北京：北京大学出版社，2009.

进入品牌营销时代，将是添可发展史上迈出的重要一步。添可将以智能科技为利器，以价值资产、品牌资产和关系资产为基础，规划合理的企业增长战略，并为目标消费者动态创造多样化的价值组合,以满足他们生活方式及其演进的需要,同时,添可自身也将在实现用户价值的基础上,获得理想的市场绩效、财务绩效和社会绩效。图 9.2 总结和解释了添可品牌以用户资产为基础,以股东价值为目标的增长逻辑。我们认为,这是添可品牌未来发展的制胜法宝。

图 9.2 添可增长的核心逻辑

注:本图根据 Srivastava,Shervani and Fahey,Market-Based Assets and Shareholder Value:A Framework for Analysis 的相关理论绘制,见 Journal of Marekting,1998(Jan)。

参考文献

1. 罗兰·T.拉斯特等.顾客资产管理[M].汪涛,译.北京：北京大学出版社,2009.
2. 彼得·圣吉.第五项修炼：学习型组织的艺术与实践[M].北京：中信出版社,2009.
3. 菲利普·科特勒等.营销管理[M].16版.陆雄文,等译.中信出版集团,2022.
4. 罗伯特·伍德拉夫.洞察你的顾客[M].董大海,等译.北京：机械工业出版社,2004.
5. 迈克尔·波特.竞争战略[M].陈丽芳,译.北京：中信出版社,2014.
6. 迈克尔·波特.竞争优势[M].陈丽芳,译.北京：中信出版社,2014.
7. 野中郁次郎,竹内弘高.创造知识的企业：领先企业持续创新的动力[M].吴庆海,译.北京：人民邮电出版社,2019.
8. 崔德乾,彭春雨.场景方法论：如何让你的产品畅销,又给用户超爽体验[M].北京：机械工业出版社,2019.
9. 方二,齐卿,左莉.智情企业[M].北京：机械工业出版社,2021.
10. 蒋青云,高山.中国最佳品牌建设案例Ⅸ：经济转型期的品牌演化[M].广州：南方日报出版社,2018.
11. 陆雄文.管理学大辞典[M].上海：上海辞书出版社,2013.
12. 芮明杰,余光胜.产业致胜——产业视角的企业战略[M].杭州：浙江人民出版社,1999.

13. 唐兴通.引爆社群：移动互联网时代的新 4C 法则[M].北京：机械工业出版社,2015.
14. 尹一丁.高势能品牌：打造品牌能量的 12 堂剑桥课[M].北京：中信出版集团,2022.
15. 国海证券.家电行业 2023 年策略报告：政策及成本费用端双重利好,新赛道＋新产品＋新市场三大内生增量助力发展[R].2022-12-08.
16. 联合国,波士顿咨询公司.企业碳中和路径图[R].2021.
17. 孙金云.新兴市场企业的"模仿式创新"路径及机理研究[D].上海：复旦大学,2012.
18. 单蕾,王贤锋,朱依曦.中小企业敏捷营销模式创新[J].商场现代化,2021,(16)：68-70.
19. 郭军灵.技术联盟中合作伙伴的选择研究[J].科研管理,2003(6)：109-113.
20. 蒋青云."双碳"目标下中国企业品牌建设的机遇与路径[J].可持续发展经济导刊,2022(3)：36-38.
21. 金焕民,史贤龙.中国式新营销立论,从底层逻辑突破开始[J].销售与市场(管理版),2018(11).
22. 李志刚.从工具到管家,科沃斯新格局浮现[J].电器,2016(6)：51.
23. 刘铮铮.添可简史：一场持续 21 年的科技长征[J].电器,2019(8)：62-64.
24. 陆雄文,孙金云.企业的核心能力与模仿式创新路径——新兴国家的视角[J].经济理论与经济管理,2011(4)：64-71.
25. 孙德芝,丁婉君.柔性能力视角下内部控制运行模式研究[J].会计之友,2022(12)：61-67.
26. 钱东奇,蒋青云,程亚婷,等.新蓝海里航船,行稳致远[J].管理视野,2022(4)：32-38.
27. 王凤彬,王骁鹏,张驰.超模块平台组织结构与客制化创业支持——基于海尔向平台组织转型的嵌入式案例研究[J].管理世界,2019,35(2)：121-150＋199-200.

28. 王海忠,李骅熹.提升"中国制造"国际品牌形象的国家战略[J].中山大学学报(社会科学版),2017,57(3):194-208.
29. 王璐.科沃斯:"扫"出一条开拓之路[J].机器人产业,2016(1):90-96.
30. 王迎春,沈应龙.先行者:iRobot 的成就与经验[J].世界科学,2014(8):23-25.
31. 杨敏,何吾佳.传统到智能的创新性体验设计——添可智能吸尘器新交互解析[J].工业设计研究,2019(0):343-348.
32. 曾伏娥,陈文彬,何琼.消费者新产品采纳的特征[J].心理科学进展,2022,30(6):1350-1366.
33. 张雄林,和金生,王会良.反向工程与技术模仿创新[J].科学管理研究,2008(2):35-38.
34. 张媛珍.爆火之后,洗地机行业的"千亿生意"牌该怎么打?[J].电器,2021(11):39-41.
35. 36氪研究院.2022年中国小家电及智能家居兴趣人群洞察报告[EB/OL].(2022-02-17)[2023-01-13].https://36kr.com/p/1618963914682120.
36. QuestMobile.2022新中产报告:1.63亿人消费发力,90后占比达45.7%,"内容+体验+情感"的全营销变局如何破题[EB/OL].(2022-09-20)[2023-01-13].https://www.questmobile.com.cn/research/report/1595681511545344002.
37. 碧根果.添可开道,智能家电狂奔[EB/OL].(2022-09-23)[2023-01-13].https://36kr.com/p/1927684210067849.
38. 曹虎.为什么柯达胶卷凉了,而富士胶卷却活得很好?[EB/OL].(2022-04-07)[2023-01-15].https://weibo.com/ttarticle/p/show?id=2309404759557401346431.
39. 陈子仪,李阳.洗地机行业分析:几个维度看洗地机行业的竞争态势[EB/OL].(2021-11-25)[2023-01-13].https://new.qq.com/rain/a/20211126A02X3000.
40. 董琳.收入剧增817%!添可的"小确幸"暴露了科沃斯的"大野心"

[EB/OL].(2021-09-11)[2023-01-13].http://stock.hexun.com/2021-09-01/204285909.html.

41. 虎嗅."野性消费"热潮下,国产高端智能电器添可如何借势起飞?[EB/OL].(2022-06-04)[2023-01-15].https://baijiahao.baidu.com/s?id=17346329214264668848&wfr=spider&for=pc.

42. 捷孚凯 GfK.从全球到中国2022上半年家电产业趋势[EB/OL].(2022-10-04)[2023-01-13].https://www.sohu.com/a/590139887_120855974.

43. 联合国官网.可持续发展议程-可持续发展[EB/OL].[2023-01-13].https://www.un.org/sustainabledevelopment/zh/development-agenda/.

44. 澎湃新闻.探索生活、生产、生态共生之路,科沃斯以"全场景"突围[EB/OL].(2022-10-31)[2023-01-13].https://www.thepaper.cn/newsDetail_forward_20528623.

45. 媒介三六零.解码苹果营销体系:"顶流"品牌背后的营销哲学[EB/OL].(2022-05-16)[2023-01-15].https://zhuanlan.zhihu.com/p/515359535.

46. 美团研究院.2021年我国居民服务消费的若干新趋势[EB/OL].(2021-04-13)[2023-01-13].http://www.199it.com/archives/1230695.html.

47. 青藤一问.数字化转型八年,市值千亿,智造如何重估美的?[EB/OL].(2021-01-26)[2023-01-13].https://m.thepaper.cn/baijiahao_10934063.

48. 唐淑倩.苏宁易购发布《2022双十一家消费趋势报告》[EB/OL].(2022-11-12)[2023-01-13].http://news.enorth.com.cn/system/2022/11/12/053325729.shtml.

49. 腾讯新闻."懒人经济"爆发,2020年市场规模超千亿[EB/OL].(2021-01-21)[2023-01-13].https://new.qq.com/rain/a/20210121A01Z0W00.

50. 王星.科沃斯与iRobot是强强联合还是无奈之举?[EB/OL].企业观察报,(2020-06-11)[2023-01-13].https://tech.sina.com.cn/roll/2020-06-11/doc-iircuyvi7904380.shtml.

51. 硬核、玩家.添可新品连发,靠创新持续突围向世界展现中国品牌魅力[EB/OL].(2022-09-23)[2023-01-13].https://www.gfan.com/info/575897.html.
52. 中国家电网.中国市场仅剩不足3‰份额 iRobot 哪里出了问题?[EB/OL].(2021-07-14)[2023-01-14].https://baijiahao.baidu.com/s?id=1705253521296194192&wfr=spider&for=pc.
53. 中国证券报.科沃斯2021年归母净利润增长213.51%[EB/OL].(2022-04-25)[2023-01-14].https://finance.eastmoney.com/a2/202204252357392037.html.
54. 钟经文.多管齐下,洗地机发明者添可芙万用创新"读懂"消费者[EB/OL].中国日报中文网,(2022-11-14)[2023-01-13].https://caijing.chinadaily.com.cn/a/202211/14/WS6371df9ca3109bd995a4fd87.html.
55. Aaker D A. Managing Brand Equity: Capitalizing on the Value of a Brand Name[M]. New York: Free Press, 1991.
56. Penrose E. The Theory of the Growth of the Firm[M]. New York: Oxford University Press, 1995.
57. A. Ries & Jack Trout. Positioning: The Battle for Your Mind[M]. New York, London: McGraw-Hill, 2001.
58. Theodore Levitt. Marketing Myopia[J]. Harvard Business Review, 2004.
59. Aaker D A. Measuring Brand Equity Across Products and Markets[J]. California Management Review, 1996, 38(3): 102-120.
60. Keller K L. Building customer-based brand equity[J]. Marketing Management, 2001, 10(2): 14-19.
61. Keller K L. Conceptualizing, Measuring, and Managing Customer-Based Brand Equity[J]. Journal of Marketing, 1993, 57(1): 1-22.
62. Mindrut S, Manolica A, Roman C T. Building Brands Identity[J]. Procedia Economics & Finance, 2015, 20: 393-403.
63. Oliver Kmia. Why Kodak Died and Fujifilm Thrived: A Tale of Two

Film Companies PetaPixel[EB/OL]. (2018-10-19). https://petapixel.com/2018/10/19why-kodak-died-and-fujifilm-thrived-a-tale-oftwo-film-companies.

64. Rajendra, K, Srivastava, et al. Market-Based Assets and Shareholder Value: A Framework for Analysis[J]. Journal of Marketing, 1998, 62(1): 2-18.

65. Sheth, Newman, Gross. Why We Buy What We Buy: A Theory of Consumption Values[J]. Journal of Business Research, 1991, 22(2): 159-170.

66. Stuart A, Whetten D A. Organizational Identity[J]. Administration & Society, 1985, 42(20): 166-190.

67. Teece D, Pisano G. The Dynamic Capabilities of Firms: An Introduction[J]. Industrial and Corporate Change, 1994, 3(3): 537-556.

68. D. J. Teece, G. Pisano, & A. Shuen. Dynamic Capabilities and Strategic Management[J]. Strategic Management Journal, 1997, 18(7): 509-533.

后　记

2022年7月,正值上海解除静默不久,大家都想冲出家门干点什么。我也不例外。复旦大学管理学院市场营销系主任金立印教授在系里传递一个消息,说学院要组织一支队伍研究科沃斯和添可,并在此基础上撰写案例和研究性的著作。我回复说:"好啊,我知道这家公司,对家电产业也有兴趣,和钱东奇董事长还是校友,愿意参与。"于是,我被学院指派担任关于添可品牌研究著作的写作指导老师。

我对家电产业的兴趣,源自其对中国市场营销实践进步的持续推动。一部中国家电产业的发展史,也是一部中国市场营销的实践史。早在1990年代初,长虹电器伴随着其"产业报国"的声声广告一跃成为中国电视机产业的龙头企业;1996年,格兰仕施展价格战迅速成长为中国乃至全球最大的微波炉制造商;1999年前后,国美、苏宁依靠其强大的渠道力抗衡品牌商而成为整合家电产业链的主导力量;大致从2006年开始,中国家电企业纷纷布局产品升级和产品创新,比如海尔导入高端产品线卡萨帝,美的在不同产品线导入高端品牌

用户价值创新：

添可如何在红海中开创蓝海

并在 2018 年发布了 AI 科技家电品牌 COLMO，科沃斯及添可则作为新锐智能家电品牌开辟了家用服务机器人和智能家电的新赛道……中国企业的营销实践由表及里、逐步演化，总体上沿着"广告竞争→价格竞争→渠道竞争→产品竞争"的逻辑渐进发展①。正是因为经历了这样的发展过程，中国家电产业逐步形成了世界级的制造能力，并初步形成世界级的研发创新能力，从而成为中国在全球极具竞争力的产业之一。

过去 20 多年，我曾经利用企业调研、案例研究、管理培训和担任独立董事等多种方式，对美的（包括小天鹅）、海尔、海信等多家中国家电企业进行近距离的考察和研究，一方面，希望洞悉中国家电产业和家电品牌成长的内在机制；另一方面，希望看到中国家电品牌发展的经验和知识能否为其他品牌经营所借鉴。正是抱着这样的目的，我特别高兴有机会以添可品牌为案例，探讨中国智能家电企业如何面向未来，谱写中国企业营销管理的新篇章。

在 2022 年 8 月复旦团队首次参访添可并和钱东奇董事长对谈半天的基础上，我撰写了进一步调研的计划和本书内容的基本框架。令人欣慰的是，添可团队和复旦团队关于添可的成功在于用户价值创新的观点高度一致，这样我

---

① TopDigital，蒋青云.共探中国营销进化史，培养企业创新逻辑[EB/OL].(2022-07-25)[2023-02-06].https://baijiahao.baidu.com/s?id=1739289418647192824&wfr=spider&for=pc.

就可以根据用户价值感测（洞察）、探索、创造和传递这一核心逻辑进一步安排调研的重点，并就添可如何面向未来进一步创新用户价值提出了三大可行的探索方向：以敏捷营销穿越不确定性；以可持续营销构筑品牌资产；以组织学习锻造核心能力。钱董对本书的研究和写作思路给予了高度的肯定，这让我们团队的调查研究工作进展得很顺利。

本书的写作过程颇为曲折。由于时间紧迫，再加上受 12 月份疫情的严重干扰，原有研究团队（包括我自己）的战斗力大受影响，为此不得不再拉来我的博士生们帮忙，好在原有的研究大纲比较细致，搜集的资料也比较丰富，基本上实现了在预定时间完成书稿写作任务的目标。本书的写作分工如下：蒋青云负责撰写全书写作大纲，并就全书每一章的写作思路和写作内容对所有作者进行宣讲和指导，对所有章节的写作提出两轮修订意见，并最终完成全书的统稿工作；谢玮按写作大纲和章节内容，整合准备了全书的工作底稿，并协助蒋青云完成全书的统稿工作；方凌智博士对部分章节（主要是第六章和第九章）的修改提供了指导意见。本书前言引自《管理视野》杂志（第 31 期）刊发的我及复旦大学管理学院程亚婷、范翔老师跟钱东奇董事长的对谈录，第一章由蒋青云撰写，第二章由谢玮撰写，第三章由王艺涵撰写，第四章由喻茹撰写，第五章由黄扬昕撰写，第六章由王馨萌撰写，第七章、第八章由邓诺诺撰写，第九章由赵丽芳撰写。作为复旦团队的负责人，我要对参与写作和指导的所有成员表示衷心的感谢！感谢大家排除各种困难,按时按质地完成写作任务。

  本书的写作尤其要感谢添可团队的大力支持!钱东奇董事长亲自审定了研究和写作计划,并在审阅初稿的基础上为本书作序。添可媒介公关经理陈元婧女士作为团队协调人为整个合作研究项目的顺利进行付出了大量的时间和精力,没有她的耐心和细心,本书的出版就没有这么顺利,在此代表复旦团队谢谢元婧(Amber)!还要感谢参与项目访谈的添可 CEO 冷泠、添可研发中心总经理王寿木、添可国内运营总经理殷鹏、添可大制造总经理施菁、添可品牌总监徐开松、添可结构总工程师任怀强、添可工业设计总监何吾佳等,你们提供的一手资料丰富了本书的内容。

  还要感谢复旦大学管理学院的同事们。陆雄文院长亲自前往添可拜访了钱董,开启了复旦大学管理学院和添可之间的合作之门,并为本书热情作序。复旦大学管理学院 PACK 团队的李攀、于保平、程亚婷、高建辉、陈杨波、范翔、杨颖婷等老师多次参与对添可品牌的调研工作,并对本书的写作思路提出了宝贵的建议,还为复旦大学管理学院和添可团队之间的沟通做了大量的工作。复旦大学市场营销学系的金立印、徐倩、张杏和张喆等老师也参与了调研和相关讨论。在此一并感谢!

  最后,特别感谢复旦大学出版社经管分社的编辑团队,没有他们的耐心和宽容,本书的出版还将面临更多困难。

后 记

囿于时间、精力和学识,本书肯定还存在不少缺憾、疏漏和错误,敬请读者们多多批评指正!

蒋青云

于复旦大学管理学院

2023 年 2 月 6 日

图书在版编目(CIP)数据

用户价值创新:添可如何在红海中开创蓝海/蒋青云等著. —上海:复旦大学出版社,
2023.4(2023.11 重印)
ISBN 978-7-309-16770-2

Ⅰ.①用… Ⅱ.①蒋… Ⅲ.①家电企业-工业企业管理-研究-苏州 Ⅳ.①F426.619

中国国家版本馆 CIP 数据核字(2023)第 033767 号

用户价值创新:添可如何在红海中开创蓝海
YONGHU JIAZHI CHUANGXIN
蒋青云　等 著
责任编辑/宋朝阳　王雅楠

复旦大学出版社有限公司出版发行
上海市国权路 579 号　邮编:200433
网址: fupnet@ fudanpress.com　http://www.fudanpress.com
门市零售: 86-21-65102580　团体订购: 86-21-65104505
出版部电话: 86-21-65642845
上海盛通时代印刷有限公司

开本 890 毫米×1240 毫米　1/32　印张 9.125　字数 174 千字
2023 年 4 月第 1 版
2023 年 11 月第 1 版第 2 次印刷

ISBN 978-7-309-16770-2/F・2968
定价:69.00 元

如有印装质量问题,请向复旦大学出版社有限公司出版部调换。
版权所有　侵权必究